穴位格斗：
源自古传武术的封气与打穴

〔美〕兰德·卡德韦尔（Rand Cardwell） 著

常一川 译

北京科学技术出版社

著作权合同登记号　图字：01-2024-3288 号

图书在版编目（CIP）数据

穴位格斗：源自古传武术的封气与打穴／（美）兰

德·卡德威尔（Rand Cardwell）著；常一川译．

北京：北京科学技术出版社，2025．-- ISBN 978-7

-5714-4273-6

Ⅰ．G852.18

中国国家版本馆 CIP 数据核字第 2024PH3308 号

责任编辑：张煜宽
策划编辑：张煜宽
责任校对：贾　荣
版式设计：优品地带
责任印制：吕　越
出 版 人：曾庆宇
出版发行：北京科学技术出版社
社　　址：北京西直门南大街 16 号
邮政编码：100035
电　　话：0086-10-66135495（总编室）　0086-10-66113227（发行部）
网　　址：www.bkydw.cn
印　　刷：北京华联印刷有限公司
开　　本：710 mm × 1000 mm 1/16
字　　数：179 千字
印　　张：13.75
版　　次：2025 年 6 月第 1 版
印　　次：2025 年 6 月第 1 次印刷
ISBN 978-7-5714-4273-6

定价：89.00 元

京科版图书，版权所有，侵权必究。
京科版图书，印装差错，负责退换。

推荐语

　　很多人对中国武术中的点穴技法都有着浓厚的兴趣。抛开武侠小说和影视作品的夸张演绎，从科学角度探寻穴位在战斗中的价值，这就是《穴位格斗》的意义所在。我与译者常一川相识多年，常老师不仅是医学博士，还有着丰富的海外军事经历，他扎实的医学基础和丰富的武术实战经验是本书准确性和严谨性的有力保证。

　　——"拳星时代"格斗赛联合创始人兼赛事总监，UFC 与 ONE 冠军赛合作撰稿人　沈诚

　　这些年，传统武术的传承与发展走了不少弯路，不知不觉忽视了许多瑰宝。当我们轻易否定或者删改某些技法的时候，殊不知，西方的格斗家们正在实战中验证它们的价值，而他们所研究的对象，或许比我们精心编排的表演套路更接近武术的原貌。为此，我时常慨叹，现在的年轻一辈，已经很难再接触到真正的传统武术，更不要提证悟武学真谛了。关于经穴的打法与解法，我始终强调大家不能盲从盲信，但也不要轻易否定，要想真正认识这门技艺，你必须亲身体验，在实践中窥其全貌，毕竟苹果到底是什么味道，别人谁也无法告诉你。本书所讲的诸多知识点与方法，也是我在学习和教学过程中不断实践与运用的内容，真可谓是因缘各就，殊途同归！希望这本书能让武术爱好者看到先辈们的智慧，借鉴书中的理论和研究方法去复原各自流派中已经失传的技法，让老祖宗的东西更完整地传承下去。

　　——岳家拳第 23 代传人，NPA（Nerve plexus & Point Attack）经穴攻击体系创始人　张凯

原版作者和出版商声明

　　本书中的技术可能会造成严重的身体伤害，甚至死亡。书中所记载的潜在致命技术，除了在生死攸关的极端情况下用以防卫之外，绝不应该被使用。对这些技术的学习需要高度成熟的心理与责任感，缺乏这份心理与责任感的人根本不应该阅读这本书。本书中的技术只应在经验丰富的武术教师指导下进行练习，因为他们可以提供安全、负责任的使用建议。本书中描述的身体活动是剧烈且艰苦的，非专业人士不应该尝试书中的训练及技术。

致谢

　　这本书是在很多人的帮助下才得以出版的。要完成这一项目，不仅需要个人的努力与坚持，还需要他人的大力协助。我要向在这一过程中帮助过我的每一个人表示感谢，特别是以下几位。感谢帕特里克·麦卡锡（Patrick McCarthy），他对《白鹤拳论》的研究工作给了我很大启发，他同时也为本书作序，在过去的几十年里，我们多次交流，我一直很欣赏他的友善和绅士风度，如果没有他的大力帮助，这本书永远不会出版；感谢乔希·琼斯（Josh Jones）、克里斯·西尔斯（Chris Seals）和兰迪·普雷斯利（Randy Pressley）在照片中扮演对抗者，在拍摄期间，我们遇到了许多意料之外的问题，比如姿态与照明的协调，以及一些重击的拍摄，最终都以充满趣味的方式解决了；感谢摄影师阿曼达·琼斯（Amanda Jones），她不得不一直耐心地陪伴我们，在拍摄时不停地调整正确的姿态、角度，同时感谢她帮助我们优化出满意的照片；感谢编辑罗伯特·戈福思（Robert Goforth）为本书的出版提供指导，真正让这本书出类拔萃、与众不同。

兰德·卡德韦尔

序

对任何一个对空手道有着真正追求，而不仅仅是对其粗略涉猎的人来说，《白鹤拳论》可能都是最重要的历史文献。我是多么幸运，偶然发现了一本如此重要的书，从未预料到它会对我的生活产生这么重要的影响。在 1987 年我出版了自己翻译的《白鹤拳论》，那时我并不知道它会在全球的武术界获得多大的认可。曾经只有最认真的关门弟子才能学到的知识，现在向所有人公开了。这本书让许多人看到了徒手格斗技术的深奥和复杂。

在没有正规的中医学术背景的情况下，想对如此规模的经典巨著进行研究，从而理解人体生物电能理论和功能应用、五行学说、阴阳学说、经络和昼夜周期（因为它们与应对肢体暴力冲突中的习惯行为有关）几乎是不可能的。如果不是在翻译过程中有许多优秀人士的无私帮助，我的翻译工作将永远无法完成。即使是在多年后的今天，也是因为有了像兰德·卡德韦尔这样的研究者，我才可以真正完全理解《白鹤拳论》中最模糊的部分——点穴技术。

卡德韦尔先生分析《白鹤拳论》中最晦涩难懂的内容，即 36 个关键穴位的工作成果令人钦佩。他阐释了攻击这些穴位的影响与结果，为西方读者提供了一个更清晰的画面。过去几十年来，西方武术家已经认识到东方武术深深植根于中医的知识体系。虽然在努力理解这些抽象的概念，但是绝大多数的西方武术家依然无法理解这些中国方法论的内涵，因此即使是这些曾经秘而不传的内容现在已经在西方公开，与创造了这些我们至今依然习练的武术体系的大师相比，西方武者对于真正的内涵还是知之甚少。

我长期支持卡德韦尔先生的研究，在这里，我向所有希望了解格斗术奥秘的人强烈推荐他的作品。因为这些奥秘我本人都无法解开或完美解释。我很高兴，能有其他研究者也接受挑战，继续研究，并将其推向更高的高度。在这里，我赞扬卡德韦尔的杰出工作，并祝愿他在本书的出版中取得巨大成功。

帕特里克·麦卡锡

空手道九段大师

澳大利亚黑带名人堂（2000年）

加拿大黑带名人堂（2012年）

介绍

本书所介绍的内容是基于 20 多年来对传统中医如何应用于武术所进行的广泛研究得到的成果。一直以来，有许多资料可以用于了解中医，但几乎没有任何将中医应用于武术的相关参考资料。穴位研究者最常做的尝试是对中医的治疗方面的内容进行逆向解构研究，这样他们就能理解那些针对人体能量系统进行攻击的武术的现实意义。本书中展示的很多内容都是通过逆向解构的方法获得的。当然，我的研究内容也经过执业中医针灸师的审查，并且他们提供了很多专业建议，从而提升了整本书的准确性和专业性。

在 20 世纪 90 年代，西方点穴格斗发展期间，我有幸接触到了这种武术。几乎无人意识到，我们当时正处于一个武术发展变化的关键的时代。在西方世界，实用的点穴格斗技术及其相关科学研究的出现，成了武术发展的关键转折点。众多的研究者试图从西方视角去理解这门科学，但收效甚微。因为中医学对人体的理解方式与西医完全不同。从西医的角度来理解点穴技术对人体的作用非常困难。某些点穴技术的先驱走上了尝试从东方视角理解中医的道路，并将这些来之不易的知识应用于武术。在这种研究方式之下，诞生了许多关于中医学应用于武术的新发现。这些西方的早期研究，塑造了我的研究方式，最终形成了书中所展示的内容。不幸的是，一些武术家为了追求利益和名声，利用中医在武术上的应用，创造出了各种荒谬的"理论"，严重损害了这个知识体系的真实性，同时也玷污了这项历史记载中精准实用的格斗知识体系。

随着对中医这门科学理解的日益全面，研究者对其中信息的应用能力也越来越强。对其中的各种法则、理论和概念的深入研究为武者打开了无数扇大门。在过去几十年的发展过程中，对十二经脉的攻击一直是研究的焦点。在实践中，依据阴阳、五行、四象和许多其他东方概念所进行的经络攻击都取得了巨大的成功。一个很少受到关注的领域是奇经八脉，中国人认为它是身体的主要能量系统。

奇经八脉是本书的重点。书中将详细介绍它们的功能及其与十二经脉之间的相互作用，也会讲解十二经脉中哪些是身体的主要能量汇聚之处。与填鸭式的直接告诉你结果的方式不同，我将会一步一步地引导你，并最终向你展示这些已经被众多中医书所验证的结论。其中一些武术研究内容是第一次公开呈现给读者。比如涉及"身体警觉反应"的内容，它是人体面对压力时的一种自发反应，本书将从东方和西方两个角度共同进行探讨。这种基于西方的理论的应用对武者来说具有极大的价值。这本书将详细解释为什么奇经八脉是身体的主要能量系统。书中将描述攻击这个能量系统的方法，以有效地击败对手。

《白鹤拳论》成书于中国，后传至日本，对后世唐手和空手道的发展产生了深远影响。该文献所传达的内容，比如书中所讲的 36 个致命穴位、时辰穴和定时开穴攻击方式等，都随着时间的推移而被验证。

奇经八脉

在古老的东方文明中，有八条特殊的经脉被称为奇经八脉①。奇经八脉的"奇"指的是 wonderful（奇妙）、rare（罕见）、strange（奇怪）、unusual（不同寻常）、exceptional（稀有）或 extraordinary（非凡）。这些翻译是基于 3000 多年来东方人对自身能量系统诊治思维的发展与探索。然而，当西方思维开始研究传统中医学更复杂的方面，

---

① 蒂加登（Teeguarden）的《穴位指压完全指南》（*A Complete Guide to Acupressure*），第 55 页。

即其所包含的在格斗中的应用时，关于"奇"的翻译中缺乏一个更容易让人理解的术语去阐述整个系统，即文字"气"[2]所代表的宇宙生命力或能量本源。

经过这些年对奇经八脉以及对中国气功[3]与格斗系统相互联系的研究，在描述奇经八脉与十二经脉的相互作用时，我想到了一个更西方化的术语——根脉，并且将在书中使用这个名称。为什么"根脉"一词提供了一个更容易理解这个能量系统功能的具象思维？如果我们不像中国人那样以水来比喻奇经八脉，而是以树来比喻，那么它们就成了"根脉"，而十二经脉就变成了"枝干脉"。根据中医学理论，这12条"枝干脉"或主经脉是负责能量或气在人体脏器内出入流动的，因此它们就像树枝一样，如果没有健康的根系来支持机体的生长与修护，枝干就会死亡。

奇经八脉通过储存及释放能量到十二经脉，形成了整个身体的能量系统。[4]它们是人体能量的来源，"根"一词更充分地描述了它们与整个能量系统的相互作用。奇经八脉正常运行，会使能量以温和且连续的方式在十二经脉中流转。了解奇经八脉如何做到这一点，对于获得传统武术在格斗方面的进阶知识至关重要，同时这也是中医学里的关键内容。

本书将会阐述奇经八脉是如何运作的，同时也将说明其相关功能。由此可以从细节层面验证其与十二经脉系统的相互作用，并将其展示出来。本书也将探讨为何针对奇经八脉的攻击会比针对主要经脉的攻击更为致命。武者为了将中医学内容应用于武术，自然而然就会被奇经八脉的内容所吸引。迄今为止，关于这种先进的源于东方的实践内容的文献非常少，几乎所有关于奇经八脉的著作都是

[2] "气"是一个中文术语，用来描述机体内流动的生命能量。源于古代道教理论，是中医学的基础概念。
[3] 气功是中国的一种锻炼身体的方法，旨在提高人的能量或气的水平。气功有很多不同的系统及习练方式，它们通常被称为"气的功夫"。
[4] 松本（Matsumoto）和伯奇（Birch）的《奇经八脉》（*Extraordinary Vessels*），第16页。

从治疗的角度阐述的。通过对这些知识信息的逆向解构，以及"身体警觉反应"这种西方理论的引入，本书将从更容易让读者理解的角度，把传统武术的实战性呈现出来。

历史源流

奇经八脉的研究主要由 4 个部分组成：轨迹与路径，其功能的描述，治疗方面的作用，以阻断为重点的武术攻击所造成的影响。据学者考证，传统中医学首次提出这一概念的文献是成书于公元前 300 年到公元前 100 年的《素问》和《灵枢》（即《黄帝内经》），这些文献不仅第一次提到了奇经八脉，还详细描述了其路径。下一个主要考证出现在《难经》，这是一本关于针灸的早期著作，扩充了前面提到的两部作品的知识内容。在《素问》和《灵枢》中提出的经络循行路线被描述得更加精准和简洁。至此，医家开始围绕奇经八脉阐述相关的能量理论。《黄帝内经》的作者不详，据推测，该书可能是由几位中医师共同写成的，这部著作是传统中医学临床应用知识的基石。

成书于 1439 年的《针灸大全》[5]，是第一部完整描述奇经八脉治疗作用的著作。书中还定义了奇经八脉上与治疗相关的八脉交会穴[6]。约 200 年后成书的《针灸大成》[7]进一步扩展了《针灸大全》中所呈现的治疗方面的内容，此外，《针灸大成》还描述了关于生物节律疗法的知识[8]。

---

[5] 徐凤的《针灸大全》又名《徐氏针灸大全》，原版成书于 1439 年。

[6] 八脉交会穴，或称主穴 / 开穴，专门用于针灸治疗，以调节奇经八脉中异常的能量水平。它们是公孙、内关、后溪、申脉、足临泣、外关、列缺、照海。根据《针灸大全》作者徐凤所述，八脉交会穴分为 4 组，其中公孙与内关配对，申脉与后溪配对，足临泣与外关配对，列缺与照海配对。单独或成对针刺这些穴位有助于控制和治疗许多疾病，这些疾病与奇经八脉系统能量失衡密切相关。

[7] 杨继洲的《针灸大成》又名《针灸简编》，原版成书于 1601 年。

[8] 生物节律疗法（译者注：子午流注）与昼夜周期相关。这个周期代表了 12 个主要经脉在 24 小时内出现的峰值能量水平。《白鹤拳论》根据昼夜周期，提出了在特定的主经络处于其最高能量水平时攻击它们的原则。这与本书作者关于在能量峰值或经络处于过载状态时攻击它们所做的研究一致。

通过追溯这些不同的源流，可以窥见奇经八脉知识的发展脉络。这些书籍着重描述奇经八脉的循行路径、功能和治疗作用。直到很久以后，从格斗角度来阻断奇经八脉的应用才面世。⑨

通过对历史文献的研究，麦卡锡发现《白鹤拳论》中的武术技巧都是针对穴位的。这说明该文献的作者们对传统中医有着一定的了解。随着几个世纪以来中医在治疗领域的发展，传统格斗技术也随之进步，因为它们的知识基础是同源的。早期武术都是口传身授的，因此其发展的历史脉络并不像中医那样有《黄帝内经》《难经》《针灸大全》和《针灸大成》等代表作传承。麦卡锡展示了一些有历史记载的优秀的中国古代武术家们如何围绕着关键穴位击打发展此类技术的内容，他还讨论了一些最初针对攻击要害而设计的（空手道的）"型"或"套路"。

致命穴位是《白鹤拳论》主要关注的内容之一。以中医学为基础，阐述人体能量系统相互作用的知识体系为以上内容提供了确凿的证据。可以推测本书的作者具有高阶的针灸知识和相关中医知识，因为这是该历史文献的基础内核。它包含的生物节律周期内容，如在特定穴位最活跃的时间击打之，进一步佐证了作者具备传统中医及针灸知识。其中列出的 36 个致命穴位是本文作者认为从武术角度来看最重要的穴位。麦卡锡的译本提供了依照生物节律对人体进行攻击的内容。这些生物节律攻击方法分为两种。其中一种方法被称为"点血（Dim Hsueh）"或"血门攻击"。该方法用于攻击易于触及的静脉或动脉节点，这些攻击点在人体上的位置大多易于接触到。第二种方法被称为"点气（Dim Ching）"或"神经丛攻击"。这些方法的核心都是对传统中医学所讲的穴位进行攻击。点血和点气都可以被统称为点穴（Dim Mak）或"死亡触碰"。本书的表 0.1 中详细列出了这些致命

---

⑨ 蒙特奎（Montaigue）的《高阶点穴术》（*Advanced Dim-Mak*），第 1 ~ 4 页。有证据表明，张三丰早在 14 世纪就使用了"关键穴位击打术"。

穴位的名称。

表 0.1 36 个致命穴位（麦卡锡翻译版）

序号	穴位及区域	序号	穴位及区域	序号	穴位及区域	序号	穴位及区域
1	囟会（GV-22）	10	人迎（ST-9）	19	肓门（BL-51）	28	通里（HT-5）
2	神庭（GV-24）	11	天突（CV-22）	20	长强（GV-1）	29	经渠（LU-8）
3	上关（GB-3）	12	缺盆（ST-12）	21	关元（CV-4）	30	合谷（LI-4）
4	睛明（BL-1）	13	风府（GV-16）	22	会阴（CV-1）	31	液门（TE-2）
5	听宫（SI-19）	14	大椎（GV-14）	23	日月（GB-24）	32	风市（GB-31）
6	翳风（TE-17）	15	玉堂（CV-18）	24	章门（LR-13）	33	委中（BL-40）
7	水沟（GV-26）	16	鸠尾（CV-15）	25	阴廉（LR-11）	34	照海（KI-6）
8	承浆（CV-24）	17	极泉（HT-1）	26	天府（LU-3）	35	申脉（BL-62）
9	天窗（SI-16）	18	膏肓（BL-43）	27	手三里（LI-10）	36	太冲（LR-3）

　　在 20 世纪早期，与点穴有关的格斗开始衰落，大多数徒手格斗技术也随之衰落。火器的大量引入开创了一个新时代，随之影响了对徒手格斗技术的重视程度。数千年来的实战所积累的技艺已经失传，时至今日，几乎没有懂如何对关键穴位进行攻击的专业武者了。中国武术从有效的实战格斗训练转变成了一种更具娱乐性和艺术性的表达方式。这种趋势在整个亚洲世界均有出现，并在武术传入西方期间占据主导地位。不幸的是，因为武术在娱乐和艺术方面的影响力在招生方面颇有优势，许多西方武术教练通过举办比赛的方式收获颇丰，于是这类武术在西方进一步巩固了自己的地位。他们正在培养一代人，这代人相信自己习练的是真正的武术，但事实上却南辕北辙。这些现代"武术家"正在练习一种儿童版的"实战格斗术"，这与古代武术教义相去甚远。更令人不安的是，这些"武术家"中的许多人并不了解其中的区别。

专业术语

本书假设读者对气、经络、穴位、阴阳和五行学说等术语有基本了解。如果你对这些概念不清楚，请跳到第二章，去熟悉阴阳和五行学说。我在撰写本书时遇到的一个主要问题是处理原作者用来描述概念以及经络和穴位命名的各种中文和日文术语。因中文术语使用不当所造成的混淆在亚历山大、彭兰翻译的《白鹤拳论》中十分明显，该译本在很多地方与麦卡锡的译本有所不同。在本书关于穴位的阐述中你也能找到这些中文专用术语。

许多想要学习传统中医并将其应用于格斗的西方人，经常被用于解释这门科学的词汇和术语所淹没。我希望通过尝试消除这些术语所带来的困惑，而使普通西方人能够理解这本书。

本文中使用了针灸穴位的缩写。它们是中医学专业书籍中的国际标准名称。例如当参考胃经第 9 个穴位时，其将被记为 ST-9。有关经脉的缩写，请参考表 0.2。

表 0.2 经脉缩写

经脉	缩写
足阳明胃经	ST
足太阴脾经	SP
手少阴心经	HT
手太阳小肠经	SI
足太阳膀胱经	BL
足少阴肾经	KI
手厥阴心包经	PC
手少阳三焦经	TE
足少阳胆经	GB
足厥阴肝经	LR
手太阴肺经	LU
手阳明大肠经	LI
任脉	CV
督脉	GV

穴位描述

这本书中有很多关于穴位的阐述。第一章中使用的形式是分节详细介绍奇经八脉里面的关键穴位。确切的穴位编号（例如 RN-1）后面是中文穴位名称。其次，列出该穴位的特殊属性（交会穴、激发穴等）。如果某穴位是双侧的，即在身体的右侧和左侧同时存在，也会阐述清楚。毕竟还有一些穴位不是双侧都有的。再次，从中医角度对该穴位的物理位置进行简短描述，然后以解剖学知识来描述体表定位。最后，是关于此节的讨论，该部分将提供能打出能量效应的、针对该穴位的攻击方法。你会发现，有少部分穴位不仅仅出现在一条经脉上。这些穴位同时存在于两条经脉之上，是两条经脉的交会穴。对读者来说，这可能有些多余，但我认为，如果有人在研究某一特定的脉络，那么这些便捷信息对他很重要。虽然这样的穴位并不算多，但我仍然想让你了解它们。为了更准确地找到穴位的位置，我建议翻阅参考书目中提到的几本中医文献。

在第三章中，有一个完整的清单，列出了在《白鹤拳论》中发现的 36 个致命穴位，并详细说明了在实战中如何应用它们。在 36 个致命穴位中，有 17 个在奇经八脉上，这些穴位在第一章的基本穴位描述中都有所涉及。第三章对这些穴位进行了更详细的阐述。我想让读者意识到这一区别：第一章是对奇经八脉上关键穴位的描述；第三章详细描述了《白鹤拳论》中的 36 个致命穴位。我希望这样可以消除读者关于这方面的困惑。

防御方面

虽然《白鹤拳论》中涉及的武术技巧和真正实战格斗一样都侧重于进攻，但应对此类攻击的防御策略也很重要。如何防御那些针对你要害部位的攻击也应是个人训练的重要内容。这将培养一种全面的能力：不仅能针对关键穴位展开攻击，而且能够防御此类进攻。将此内容添加到你的训练计划中，将有助于你成为一名能力更加全面的武者。在阅读本书时，你会发现在如何对要害部位进行主动攻击的照片之后，是一组展示如何防守此类进攻的技术照片。当然，这些都不是一成不变的。通过仔细研究验证这些关键穴位，以及学习如何攻击它们（以正确的角度和方向），将塑造出你自己对这一特殊武术系统的独特理解，借此你能够设计出更多针对关键穴位的攻击策略。书中展示的仅仅是例子，你可以借此自行发挥。

目录

第一章

奇经八脉

第一节 "人体电池"

> 然任脉、冲脉、督脉者，一源而三歧也。
>
> ——王冰 [1]

奇经八脉可以看作人体的基本"电池组"。根据中医学的说法 [2]，能量或中国人所说的气，储存在这八脉之中，之后输注于十二经脉 [3]。许多武者都非常重视十二经脉，因为这些经脉的功能是调节其所代表的特定脏器的能量水平，它们属于奇经八脉的下游。如果把这套系统比作一棵树，那么没有树根的枝干能生存、生长和维系自身吗？答案很明显。如果没有根茎系统供给营养，枝干就无法完成其应有的功能。同样，如果人类没有坚实的"根茎系统"，人体就无法生存、生长和维系自身。如果你砍掉一根树枝，树还能活下来吗？当然能。但如果阻断根系使之无法为枝干提供营养，树木则会死亡。人类和树木是类似的。本书中提出的概念有望让读者更深入地了解奇经八脉与十二经脉之间的相互作用。

在由八条经脉组成的奇经八脉系统中，有三条经脉构成了"人体

---

[1] 王冰撰《重广补注黄帝内经素问》，《黄帝内经》成书于公元前 300 年到公元前 100 年之间。三条经脉分别是任脉、冲脉和督脉。

[2] 拉雷（Larree）和瓦尔（Valle）的《奇经八脉》（*The Eight Extraordinary Meridians*），第 1 页；松本（Matsumoto）和伯奇（Birch）的《奇经八脉》（*Extraordinary Vessels*），第 16 ~ 17 页；蒂加登（Teeguarden）的《穴位指压完全指南》（*A Complete Guide to Acupressure*），第 53 ~ 57 页；马乔恰（Maciocia）的《中医学基础》（*The Foundations of Chinese Medicine*），第 355 页。

[3] 根据中医理论，十二经脉负责能量流向与其相关的脏与腑。本书不涉及对主要经脉的详细叙述，本书的重点是《白鹤拳论》中所记载的奇经八脉和 36 个致命穴位。当然，对于十二经脉与奇经八脉的交会穴，会详细论述。

电池"，它们是任脉、督脉和冲脉。虽然很多中医书都单独描述这三条经脉，但许多资料都提到了它们之间的相互影响与作用。《难经》在第八难中以下面的方式讨论了身体能量核心的概念。

> 诸十二经脉者，皆系于生气之原。所谓生气之原者，谓十二经之根本也，谓肾间动气也。此五脏六腑之本，十二经脉之根，呼吸之门，三焦之原。

对西方读者来说，这可以说是相当神秘了，但鉴于《难经》非常重视"人体电池"系统，那么可以看出，它指的就是十二经脉之根。这表明十二经脉在功能上仅次于构成身体能量核心的奇经八脉。因此对武者来说，其重要性应该是显而易见的。

构成"人体电池"的三条经脉从肾脏发源，并从该位置开始，沿着各自的经脉分流：任脉沿着身体中心线向腹部流动，督脉沿着背部中心线向顶部流动，冲脉沿着肾经（十二经脉之一）向腹部内部流动。这个"人体电池"是所有奇经八脉和十二经脉的本源。它是身体的能量核心，对有机体的生命来说至关重要。

根据中医学理论，身体中这个充满生命活力的中心是许多不同类型的气或者能量发生转变的场所。[4] 这个中心产生的能量可以为机体提供营养，防止五行病气损伤，以及濡养十二经脉。奇经八脉直接调控十二经脉。

所有的生命力的流动都来自奇经八脉。从健康的角度来看，它们对机体功能的正常运作至关重要。从武术的角度来看，在对身体主要能量源进行快速攻击时，奇经八脉所代表的一系列目标，会迅速阻止或加速身体重新调整已被破坏的气的整体水平。与针对十二经脉的攻击相比，对奇经八脉的攻击对身体造成的伤害更大。在本书的稍后部

---

[4] 松本（Matsumoto）和伯奇（Birch）的《奇经八脉》（*Extraordinary Vessels*），第 8 ~ 18 页。

分，将提供支持"封住能量"或"封气"⑤这个概念的数据。这些信息将显示最终一击的位置，理论上这些技术会使奇经八脉无法调整受到攻击的特定器官的能量水平。即通过"封禁"奇经八脉纠正被攻击器官受损的能量水平的能力，给对手造成致命影响。传统中医理论认为，在某些情况下，这可能导致死亡。

作为一名武者，你知道很多针对身体中心线的攻击方式。这些攻击是你长时间练习而融会贯通的带有个人特色的格斗技术。如果你攻击身体核心的角度为与中心线呈45°的夹角，则击打效果会更好（图1.1、1.2）。这对于任何瞄准身体中心线的击打都非常适用。为什么？这是因为你正在冲击身体的能量核心。你可以在训练时尝试一下，来印证这一点。

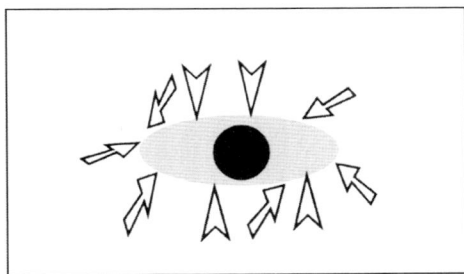

图 1.1 大多数武术系统中对身体的击打方向往往是随机的

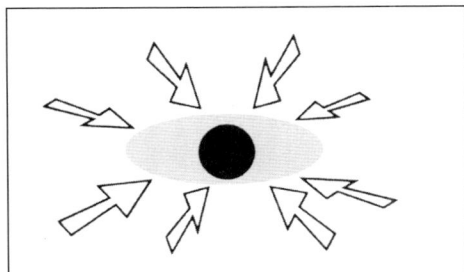

图 1.2 针对能量核心的攻击对身体的能量系统更具破坏性

⑤ 莫尼梅克（Moneymaker）的《捕手术参考手册》（*Torite-Jutsu Reference Manual*），第81页。

采取一个稳固的向前站姿，让训练伙伴以完全平行于腹部的拳面对你的中心线进行一个中等力度的后手拳攻击（图1.3）⑥。注意体会击打对你造成的影响。现在让你的训练伙伴对同一位置再次进行击打，但是这次要以斜向上45°的方向（图1.4）。再次注意感受击打对你造成的影响。最后让训练伙伴对同一位置再次进行击打，但是这次要以斜向下45°的方向（图1.5）。注意体会这次的感受。如果你觉得三次击打会出现累积效果，那么就一天只做一次这样的击打试验。你只需要记住击打的效果，而你的训练伙伴就必须记住他在每次打后手拳的时候使用了多大的力量。依据训练伙伴的击打能力，你会发现前两次击打对你几乎没有影响。最后一次击打，即以斜向下45°的方向打的一拳，将使你的身体产生极度的不适，并且很可能会使你不自主弯腰，从而打乱你的站姿。本练习说明不同的击打方式对人体中心线所造成的影响不同。我在许多场合进行过这个演示，当志愿者在轻松地顶住了来自水平和斜向上45°的击打后，却被斜向下45°的击打击倒在地（这令他们非常惊讶）。最后，要注意这个试验的力度。

图 1.3 平行轨迹中线击打

图 1.4 向上轨迹中线击打

图 1.5 向下轨迹中线击打

⑥ 如果你接受过冲绳武术训练，你可能会熟悉"三战型（Sanchin kata）"。

当你验证这个会导致身体前倾（弯腰）的效果时，思考一下击打对手并获得这种效果的实战意义。

有些空手道流派会使用一种方法测试学生直拳（Shime）姿势与力量，这通常在学生表演三战型时进行。将此攻击角测试视为直拳，并在表演该型的时候以绷紧且发力的方式来展示。

他们将会失衡，其攻击能力将受到极大阻碍。当对手腹部蜷缩，臀部向后移动时，其头部将暴露出来，为你后续的击打提供便利。这一微小的细节调整使读者在理解如何攻击身体中心线和"人体电池"的同时也增加了其作为武者的实战效能。

有一个关于督脉和任脉的有趣的理念是：根据传统中医学使用的编码系统，这两条经脉似乎都流向头部。编码的数字依照从小到大的顺序从骨盆区域开始一路延伸到头部。在对奇经八脉的子系统进行了深入研究后发现，这两条经脉上的穴位编号系统似乎仅用于记录，而数字的大小本身并不表示能量流动的方向。虽然能量流动的方向在十二经脉中以这种方式表示，但这种方式不适用于奇经八脉。[7]

奇经八脉的能量可以向任何方向流动，其内部的能量运动方向不受限于任何特定趋势。当能量波动发生在十二经脉内时，奇经八脉会根据失衡情况将能量转移至主要经脉或从其中将能量抽离。[8] 它们通过相互络属的阴阳经脉来完成这一过程。这些功能将在本书后面进行介绍。

了解奇经八脉功能的最简单的方式就是把它们当作"人体电池"。通过呼吸和进食等日常过程，身体会吸收能量，用于支持正常功能。根据中医的说法，练习气功可以增加身体的自然能量水平。所有进入身体的各种能量都在"人体电池"的能量核心中经历了一系列转变。[9]

[7] 拉雷（Larre）和瓦尔（Vallee）的《奇经八脉》（*The Eight Extraordinary Meridians*），第 46 ~ 47 页。

[8] 蒂加登（Teeguarden）的《穴位指压完全指南》（*A Complete Guide to Acupressure*），第 53 ~ 54 页。

[9] 这是中医学对能量转换的简化描述。为了更详细地了解、分析这个过程，我建议读者阅读一些与中医药相关的书籍。

冲脉、任脉和督脉构成了负责储存能量的能量子系统。^⑩"人体电池"中的能量永远不会多到溢出，但可以变得很少。当"人体电池"中有充足的能量时，身体是健康的，人在日常活动中会散发能量；当"人体电池"中的能量不足时，身体会生病，人会疲劳。

在传统中医中，当"人体电池"电量不足时，各种症状和疾病都可能出现。当"人体电池"电量耗尽时，人就会死亡。我们对这三个包含于奇经八脉的子系统（冲脉、任脉和督脉）的功能进行介绍的目的是使读者充分地理解奇经八脉的重要性。

---

⑩ 蒂加登（Teeguarden）的《穴位指压完全指南》（*A Complete Guide to Acupressure*），第 57 页。

第二节　任脉

冲脉、任脉皆起于胞中，上循脊里，为经络之海。

——《灵枢·五音五味》

任脉属于"人体电池"的"阴极"。在上一节中提到过，它沿着腹部中心线从会阴开始并与督脉在上唇处交会。督脉是"人体电池"的"阳极"。一般人们认为任脉截止于承浆，但更为严格的中医理论提到任脉还环绕口部并延伸至眼下的承泣。[1] 我研究过的大部分书籍中都有这个说法，因此我将这个观点收录在本书中。

任脉负责调节能量水平，纠正所有与阴经相关联的经络的能量失衡。[2] 在后续章节中将详细介绍任脉实现此功能的原理。足三阴经都与任脉相连。这使得任脉可以直接调整这些双侧走行的关键经络。[3] 任脉通常也被称为"主胞胎之脉"或"阴脉之海"。

任脉从会阴一路向上贯穿很多穴位（图 2.1）。其中一些穴位会引起武术家的兴趣，本章节将对任脉的关键穴位进行详细论述。

---

[1] 杨俊敏（Jwing-Ming Yang）的《易筋经与洗髓经》（*Muscle/Tendon Changing & Marrow/Brain Washing Chi Kung*），第 184 页。

[2] 埃利斯（Ellis）、怀斯曼（Wiseman）和博斯（Boss）的《中国针灸基础》（*Fundamentals of Chinese Acupuncture*），第 345 页。

[3] 杨俊敏（Jwing-Ming Yang），《中国气功根源》（*The Root of Chinese Chi Kung*），第 232 页。

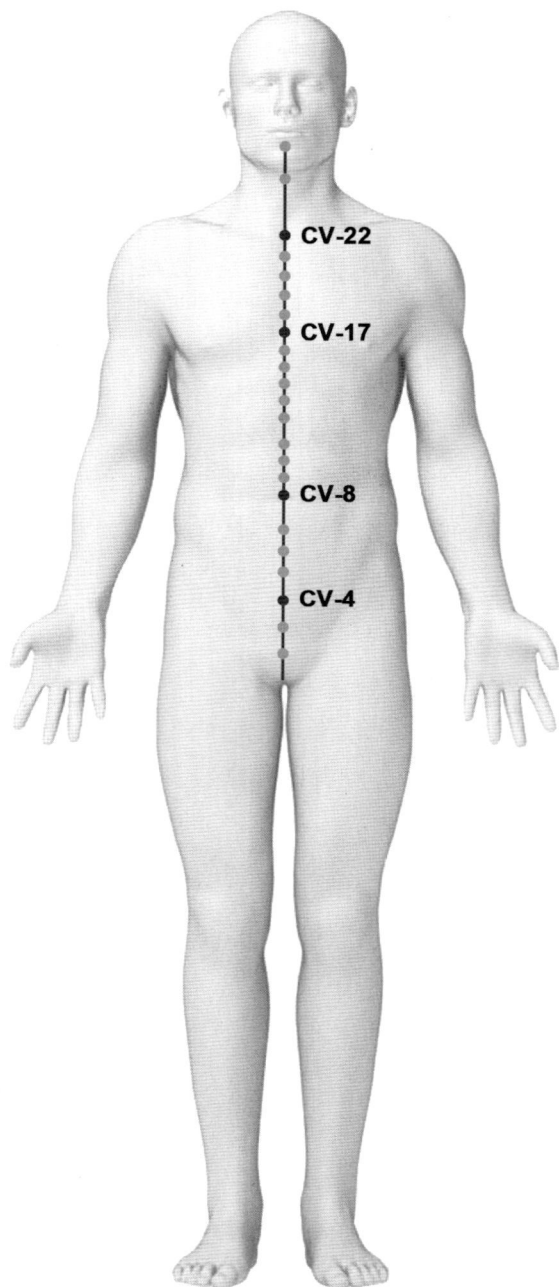

图 2.1 任脉（CV-22—天突，CV-17—膻中，CV-8—神阙，CV-4—关元）

在大多数武术学校中，攻击中线是老师经常会强调的一个技巧。即使没有任何中医知识做背景，我们也都熟悉那些瞄准身体前正中线的技术。了解任脉的功能可以使读者从能量的角度熟练掌握攻击任脉的技巧。

任脉各穴位阐释如下。

CV-1，会阴 [4]（译者注：【别名】下阴别，屏翳，海底。【穴义】由人体上部降行的地部阴液在此交会）。

特殊属性：任、督二脉和冲脉的交会点，是《白鹤拳论》中列出的 36 个致命穴之一。

位置：在肛门和生殖器底部之间。

解剖学结构：会阴动脉和会阴静脉的分支，以及会阴神经的分支均位于此处。

评注：由于该穴的位置特殊，形成了天然的保护，因此在战斗中很难攻击到，但如果对手起腿踢向你的头部，或者他们趴在地上，你已经控制住对手的一条腿，那么此穴就可以被攻击到了（图 2.2）。如果攻击到这个穴位，则会对被攻击者造成毁灭性的击打。

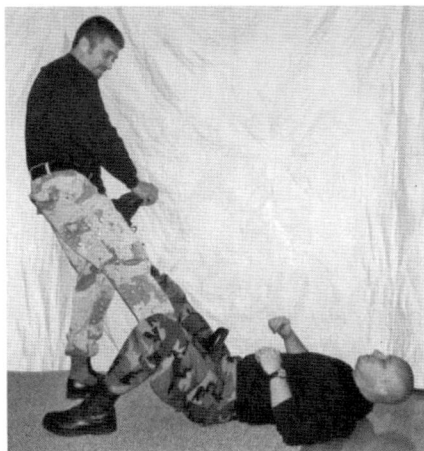

图 2.2　当对手企图踢你但摔倒后，你可以对倒地的对手进行跺脚攻击，攻击的目标是任脉的会阴。

---

④ 埃利斯（Ellis）、怀斯曼（Wiseman）和博斯（Boss），《握风：探究中医穴位名称的含义》（*Grasping the Wind : An Exploration into the Meaning of Chinese Acupuncture Point Names*），第 303 页。

CV-2，曲骨⑤（译者注：【别名】尿胞，骨端，屈骨端，回骨，耳骨。【穴义】任脉的水湿再次云集于天之下部）。

特殊属性：与肝经交会。

位置：位于身体正中线耻骨上方。

解剖学结构：该部位存在腹壁下动脉、闭孔动脉的分支以及髂腹下神经的一支。

评注：针对该穴位的击打应该向下呈45°角，如果可能的话，可以打断耻骨并给对手带来剧痛。在实战中，直接用踢击或强力直拳攻击该区域十分有效。

CV-3，中极⑥（译者注：【别名】气原，玉泉，气鱼。【穴义】任脉气血再次达到了天部中的最高点）。

特殊属性：是足三阴经与任脉的交会穴，也是膀胱的募穴（预警穴）。

位置：位于任脉曲骨上方1寸或脐下4寸处。

解剖学结构：该部位存在腹壁浅动、静脉和腹壁下动、静脉的分支，以及髂腹下神经的分支。

评注：从武术角度来看，击打交会穴会对整体能量系统造成更多的伤害。需要注意的是，全力一击会同时对特定的穴位及周边的穴位造成连带破坏。

CV-4，关元⑦（译者注：【别名】下纪，丹田，昆仑，子处，下

---

⑤ 埃利斯（Ellis）、怀斯曼（Wiseman）和博斯（Boss），《握风：探究中医穴位名称的含义》（*Grasping the Wind：An Exploration into the Meaning of Chinese Acupuncture Point Names*），第304页。

⑥ 埃利斯（Ellis）、怀斯曼（Wiseman）和博斯（Boss），《握风：探究中医穴位名称的含义》（*Grasping the Wind：An Exploration into the Meaning of Chinese Acupuncture Point Names*），第305页。

⑦ 埃利斯（Ellis）、怀斯曼（Wiseman）和博斯（Boss），《握风：探究中医穴位名称的含义》（*Grasping the Wind：An Exploration into the Meaning of Chinese Acupuncture Point Names*），第306页。

育。【穴义】任脉气血中的滞重水湿在此被卡，不得上行）。

特殊属性：是小肠的募穴，也是脾经、肾经、肝经的交点之一，还是《白鹤拳论》记载的 36 个致命穴位之一。

位置：位于脐下约 3 寸处。

解剖学结构：第 12 肋间前皮支在此穴位。

评注：击打方式同曲骨和中极，更多细节见第 16 节。

CV-5，石门 [8]（译者注：【别名】利机，精露，命门。【穴义】任脉气血中的水湿之气在此再一次冷缩）。

特殊属性：三焦的募穴。

位置：位于任脉关元上方 1 寸或脐下 2 寸处。

解剖学结构：该部位存在腹壁浅动、静脉和腹壁下动、静脉的分支，以及第 11 肋间神经前皮支。

评注：针对该穴位的击打与击打曲骨至关元的方法类似，即可以获得相似的效果。

CV-6，气海 [9]（译者注：【别名】脖胦，下言，季胦。【穴义】任脉水气在此吸热后气化胀散）。

位置：位于脐下 1.5 寸或石门上方 0.5 寸处。

解剖学结构：该部位存在腹壁浅动、静脉和腹壁下动、静脉的分支，以及第 11 肋间神经前皮支。

评注：采用与击打曲骨至石门的方法相同的方式进行击打，可以获得类似的效果。

---

[8] 埃利斯（Ellis）、怀斯曼（Wiseman）和博斯（Boss），《握风：探究中医穴位名称的含义》（*Grasping the Wind：An Exploration into the Meaning of Chinese Acupuncture Point Names*），第 308 页。

[9] 埃利斯（Ellis）、怀斯曼（Wiseman）和博斯（Boss），《握风：探究中医穴位名称的含义》（*Grasping the Wind：An Exploration into the Meaning of Chinese Acupuncture Point Names*），第 309 页。

CV-7，阴交 [10]（译者注：【别名】少关，横户，少目。【穴义】任脉、冲脉的上行水气在此交会）。

位置：中线上，脐下 1 寸处。

解剖学结构：该部位存在腹壁浅动、静脉和腹壁下动、静脉的分支，以及第 11 肋间神经前皮支。

评注：使用向下 45° 的击打方式攻击此穴位，可使对手臀部向后塌（卷腹），并扰乱其身体的能量核心。

CV-8，神阙 [11]（译者注：【别名】脐中，气合，命蒂。【穴义】人体的先天标记）。

位置：在脐中心处。

解剖学结构：在此处有一支腹壁下动脉和静脉的分支，以及第 10 肋间神经前皮支。

评注：击打该穴位的方法与击打阴交的方法相同，可以产生类似的效果。

CV-9，水分 [12]（译者注：【别名】分水，中守，中管。【穴义】任脉的冷降水液在此分流）。

位置：在身体正中线上，脐上约 1 寸处。

解剖学结构：在此处有一支腹壁下动脉和静脉的分支，以及第 9 肋间神经前皮支。

评注：以与击打阴交和神阙的方法相同的方式击打该穴位，可以

[10] 埃利斯（Ellis）、怀斯曼（Wiseman）和博斯（Boss），《握风：探究中医穴位名称的含义》（Grasping the Wind : An Exploration into the Meaning of Chinese Acupuncture Point Names），第 310 页。

[11] 埃利斯（Ellis）、怀斯曼（Wiseman）和博斯（Boss），《握风：探究中医穴位名称的含义》（Grasping the Wind : An Exploration into the Meaning of Chinese Acupuncture Point Names），第 311 页。

[12] 埃利斯（Ellis）、怀斯曼（Wiseman）和博斯（Boss），《握风：探究中医穴位名称的含义》（Grasping the Wind : An Exploration into the Meaning of Chinese Acupuncture Point Names），第 312 页。

产生相同的效果。

CV-10，下脘[13]（译者注：【别名】下管。【穴义】任脉的上部经水在此向下而行）。

特殊属性：脾经和任脉的交会穴。

位置：在脐上 2 寸，身体中线上。

解剖学结构：在此处有一支腹壁下动脉和静脉的分支，以及第 9 肋间神经前皮支。

评注：击打该穴位的方法与击打神阙和水分的方法相同，可以产生相同的效果（图 2.3），其防御与反击的方法见图 2.4、2.5。

图 2.3　通过向下击打，攻击任脉上的一系列穴位。这种方式将破坏身体的能量核心。最初的攻击靠近下脘，随后接连攻击任脉上靠下的穴位。这种连续攻击将使对手弯腰、蜷缩，暴露出颈部和头部，这时可以对其暴露部位进行额外的击打

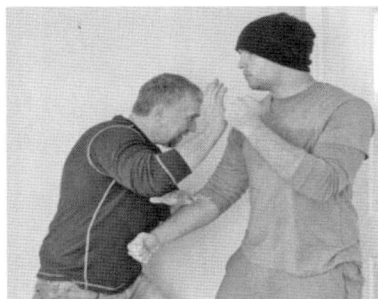

图 2.4　当攻击者（右）向你的身体施展针对身体中线的一击时，用你的前臂将其攻击向下偏转，并准备反击

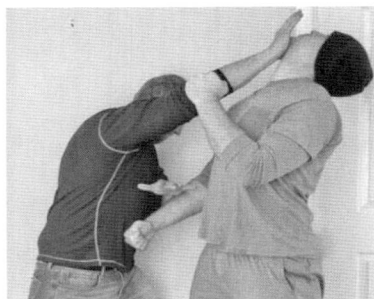

图 2.5　主动向攻击者靠近，并张开手掌对其下颏进行掌击

[13] 埃利斯（Ellis）、怀斯曼（Wiseman）和博斯（Boss），《握风：探究中医穴位名称的含义》（*Grasping the Wind：An Exploration into the Meaning of Chinese Acupuncture Point Names*），第 312 页。

CV-11，建里[14]（译者注：【穴义】任脉的地部经水由此注入体内）。

位置：在身体中线上，脐上方约 3 寸处。

解剖学结构：此处有腹壁上、下动脉的分支以及第 8 肋间神经前皮支。

评注：以 45° 角向下攻击，可破坏能量核心。

CV-12，中脘[15]（译者注：【别名】上纪，胃脘，太仓。【穴义】任脉的地部经水由此向下而行）。

特殊属性：小肠经、三焦经和胃经的交会穴，也是胃的募穴。

位置：在脐上方约 4 寸处，身体中线上。

解剖学结构：此处有腹壁上动脉和静脉的分支，以及第 8 肋间神经前皮支。

评注：这是一个重要的能量截断穴，因为它是一个主要的交会穴及募穴。最好采用向下 45° 角的击打方式，以获得最佳效果。

CV-13，上脘[16]（译者注：【别名】上管，胃管。【穴义】胸腹上部的地部经水在此聚集）。

特殊属性：胃经和小肠经与任脉的交会穴。

位置：在脐上方约 5 寸处，身体中线上。

解剖学结构：有腹壁上动脉和静脉的分支，以及第 7 肋间神经前皮支。

评注：击打方法同击打中脘的方法。

---

[14] 埃利斯（Ellis）、怀斯曼（Wiseman）和博斯（Boss），《握风：探究中医穴位名称的含义》(*Grasping the Wind：An Exploration into the Meaning of Chinese Acupuncture Point Names*)，第 313 页。

[15] 埃利斯（Ellis）、怀斯曼（Wiseman）和博斯（Boss），《握风：探究中医穴位名称的含义》(*Grasping the Wind：An Exploration into the Meaning of Chinese Acupuncture Point Names*)，第 314 页。

[16] 埃利斯（Ellis）、怀斯曼（Wiseman）和博斯（Boss），《握风：探究中医穴位名称的含义》(*Grasping the Wind：An Exploration into the Meaning of Chinese Acupuncture Point Names*)，第 315 页。

CV-14，巨阙[17]（译者注：【别名】巨缺，巨送。【穴义】胸腹上部的湿热水气在此聚集）。

特殊属性：心之募穴。

位置：身体中线上，脐上方6寸。

解剖学结构：有腹壁上动脉和静脉分支以及第7肋间神经前皮支。

评注：该穴位作为心之募穴在实战中击打十分有效。募穴被指压时是否疼痛通常被认为是判断相应器官能量是否失衡的指标。如果生病，对特定器官的募穴进行简单的指压会产生一些疼痛。从战斗角度来看，募穴通常位于所涉及的器官上方，但实际上并非如此，因为心脏位于与之相关联的传统中医募穴大约10厘米以上的位置。无论如何，对该穴位的击打应向下呈45°角进行，这样才能获得最佳效果，但向上的击打也可以有效地使肺部暂时失去呼吸能力。

CV-15，鸠尾[18]（译者注：【别名】尾翳，神府，骭鹘。【穴义】任脉热散的天部之气在此会合）。

特殊属性：是《白鹤拳论》所列的36个致命穴位之一。

位置：剑突下1寸，身体中线上。

解剖学结构：有腹壁上动脉和静脉分支以及第7肋间神经前皮支。

评注：采用与击打巨阙的方法相同的方式进行击打，可以获得相似的效果。对此处进行击打可能会打断胸骨剑突。

---

[17] 埃利斯（Ellis）、怀斯曼（Wiseman）和博斯（Boss），《握风：探究中医穴位名称的含义》（*Grasping the Wind : An Exploration into the Meaning of Chinese Acupuncture Point Names*），第316页。

[18] 埃利斯（Ellis）、怀斯曼（Wiseman）和博斯（Boss），《握风：探究中医穴位名称的含义》（*Grasping the Wind : An Exploration into the Meaning of Chinese Acupuncture Point Names*），第317页。

CV-16，中庭[19]（译者注：【穴义】任脉气血在此位于天之中部）。

位置： 位于身体正中线，脐上方约 8 寸处。

解剖学结构： 此处存在胸廓内动脉和静脉的分支以及第 6 肋间神经前皮支。

评注： 击打时应向下呈 45° 角，以获得最佳效果。猛烈地击打此处可以打断胸骨。

CV-17，膻中[20]（译者注：【别名】元儿，上气海，元见。【穴义】任脉之气在此吸热胀散）。

特殊属性： 脾经、小肠经、三焦经和任脉的交点，此外，它也是心包的募穴。

位置： 位于身体正中线，与乳头处于同一水平线上。

解剖学结构： 此处有胸廓内动脉和静脉分支与第 4 肋间神经前皮支。

评注： 这是实战武者非常感兴趣的一个击打要穴。击打膻中可以影响心脏的电生理模式，导致心律不齐。西方科学将此称为心脏振荡。有文献记载，这种现象在胸部受到击打时经常发生（例如棒球击中孩子的胸部）。在一位曾在越南服役的前步兵狙击手的采访报道中，证实了对膻中击打的致命性。据他介绍，他是一位长期习练空手道的武者，在一次巡逻中，他遇到了一个迎面而来的敌军士兵。他用拳头强有力地击打了敌军士兵的膻中，直接导致其死亡。身材高大的人在面对身材矮小的人时，可以完美地以 45° 角对膻中进行击打（击打应该向下呈 45° 角）。由于身高差距与对手身上穴位的位置，这些击打通常以掌击或锤式凿击为主。在接触时，可以通过将击打手向外旋转来增加

---

[19] 埃利斯（Ellis）、怀斯曼（Wiseman）和博斯（Boss），《握风：探究中医穴位名称的含义》（*Grasping the Wind：An Exploration into the Meaning of Chinese Acupuncture Point Names*），第 318 页。

[20] 埃利斯（Ellis）、怀斯曼（Wiseman）和博斯（Boss），《握风：探究中医穴位名称的含义》（*Grasping the Wind：An Exploration into the Meaning of Chinese Acupuncture Point Names*），第 318 页。

额外的能量干扰（图 2.6）。其防御与反击的方法见图 2.7、2.8。

图 2.6 在使用格挡技术之后对膻中进行击打。对穴位的有力击打将同时牵涉到该区域内的数个位于任脉上的穴位

图 2.7 当攻击者（右）试图击打膻中时，反击者将中线扭转向侧面，并将前臂放在攻击者的手臂上方

图 2.8 抱拳握紧双手，对攻击者的胸部施展顶肘

CV-18，玉堂[21]（译者注：【别名】玉英。【穴义】任脉气血在此化为天部的凉性水气）。

特殊属性：它是《白鹤拳论》中列出的 36 个致命穴位之一。

---

[21] 埃利斯（Ellis）、怀斯曼（Wiseman）和博斯（Boss），《握风：探究中医穴位名称的含义》（*Grasping the Wind：An Exploration into the Meaning of Chinese Acupuncture Point Names*），第 320 页。

位置：位于身体中线上，膻中上方约 1.6 寸处。

解剖学结构：此处有胸廓内动脉和静脉的分支与第 3 肋间神经前皮支。

评注：击打方法建议与击打膻中的方法相同。由于膻中和玉堂的位置非常接近，因此击打这两个穴位都应被视为直接击打在心脏上。

CV-19，紫宫[22]（译者注：【穴义】任脉气血在此化为温湿水气）。

位置：位于身体正中线上，平第二肋间。

解剖学结构：此处有胸廓内动脉和静脉的分支以及第 2 肋间神经前皮支。

评注：击打方法应与击打膻中和玉堂的方法相同。

CV-20，华盖[23]（译者注：【穴义】任脉气血在此变为水湿浓度更大的水湿之气）。

位置：位于身体正中线上，平第一肋间。

解剖学结构：此处有胸廓内动脉和静脉的分支以及第 1 肋间神经前皮支。

评注：击打方法应与击打膻中、玉堂和紫宫的方法相同。

CV-21，璇玑[24]（译者注：【穴义】任脉的水湿在此吸热后仅有小部分循任脉蒸腾）。

位置：位于身体正中线上，胸骨上窝中央下 1 寸。

---

[22] 埃利斯（Ellis）、怀斯曼（Wiseman）和博斯（Boss），《握风：探究中医穴位名称的含义》（*Grasping the Wind : An Exploration into the Meaning of Chinese Acupuncture Point Names*），第 321 页。

[23] 埃利斯（Ellis）、怀斯曼（Wiseman）和博斯（Boss），《握风：探究中医穴位名称的含义》（*Grasping the Wind : An Exploration into the Meaning of Chinese Acupuncture Point Names*），第 322 页。

[24] 埃利斯（Ellis）、怀斯曼（Wiseman）和博斯（Boss），《握风：探究中医穴位名称的含义》（*Grasping the Wind : An Exploration into the Meaning of Chinese Acupuncture Point Names*），第 323 页。

解剖学结构：此处有胸廓内动脉和静脉的分支与锁骨上内侧神经和第 1 肋间神经前皮支。

评注：击打方法建议与击打膻中、玉堂、紫宫和华盖的方法相同。

CV-22，天突㉕（译者注：【别名】玉户，天瞿。【穴义】任脉气血在此吸热后突行上天）。

特殊属性：此穴是阴维脉和任脉的交会穴，在《白鹤拳论》中被列为 36 个致命穴位之一。

位置：位于身体中线上，胸骨上切迹中央的马蹄状缺口处。

解剖学结构：颈静脉弓和甲状腺下动脉的一支在浅层，气管在更深的位置，胸骨的后侧为无名静脉和主动脉弓。

评注：这个穴位对武者而言尤为重要，因为它是阴维脉和任脉的交会穴。这两个经脉之间的相互关系将在本书后面详细讲解。此外，胸骨上切迹是一个绝妙的袭击点，适合在与对手距离极近的情况下，视线受阻时使用（图 2.9）。其防御与反击的方法见图 2.10 ~ 2.13。

图 2.9 连续攻击天突，这是一种非常极端的攻击方式，除非你生命受到威胁，否则不要这样做

㉕ 埃利斯（Ellis）、怀斯曼（Wiseman）和博斯（Boss），《握风：探究中医穴位名称的含义》（*Grasping the Wind：An Exploration into the Meaning of Chinese Acupuncture Point Names*），第 324 页。

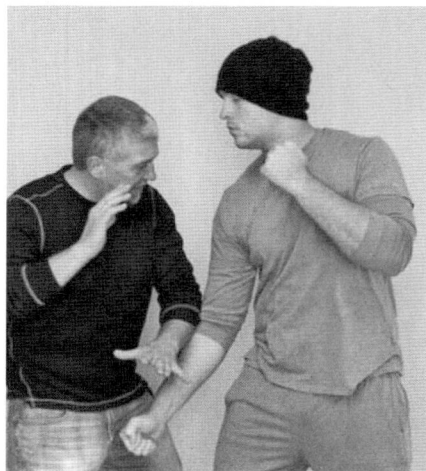

图 2.10　当攻击者（右）试图击打你的喉咙，将你的前臂挡在攻击者的手臂之上，并顺势向下推

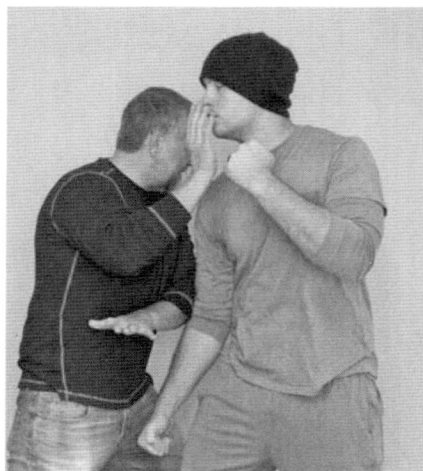

图 2.11　向攻击者右侧上步，将他的前臂按在他的身体上，准备向其脸部进行掌击

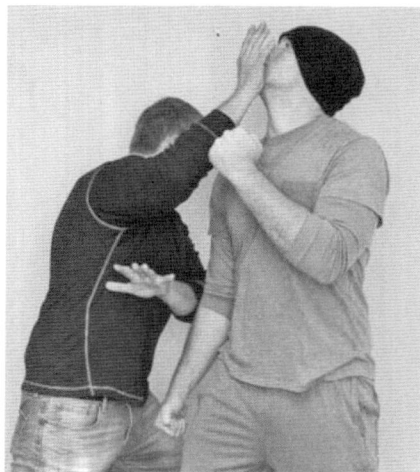

图 2.12　向着攻击者脸部中心线的位置进行击打

图 2.13　此击打需要强而有力，同时伴有一个长的贯穿动作

CV-23，廉泉[26]（译者注：【别名】本池，舌本，结本。【穴义】任脉气血在此冷缩而降）。

特殊属性：一些中医书称该穴为阴维脉和任脉的交会穴。

位置：在喉咙正中线上，略高于喉结。

解剖学结构：颈前浅静脉、颈皮神经的分支、舌下神经和舌咽神经的分支都存在于此。

评注：击打此穴应直接向内或稍微向上，以破坏喉结的结构，并干扰头部的能量流动。一般来说，任何攻击喉部的动作都会激活许多敏感的穴位，同时也是在攻击人体这个部分结构的弱点。

CV-24，承浆[27]（译者注：【别名】天池，鬼市，悬浆。【穴义】任脉的冷降水湿及胃经的地部经水在此聚集）。

特殊属性：它是胃经和任脉的交会穴，有些资料称督脉和任脉在此穴相交，它是《白鹤拳论》中列出的 36 个致命穴位之一。

位置：在下颏正中线的略凹陷处。

解剖学结构：此处有下唇动脉和静脉的分支与面神经某分支交会。

评注：这个穴位的本意指当一个人吃饭时，嘴里分泌的口水会积聚在这个位置。对武者来说，这个穴位则是令人感兴趣的要穴。击打这个穴位通常最有效的方法是向下以 45° 角击打。以握拳凿击的方式击打这个穴位，如果足够用力不仅会立即击昏对手，还可能造成他下颌脱臼。

㉖ 埃利斯（Ellis）、怀斯曼（Wiseman）和博斯（Boss），《握风：探究中医穴位名称的含义》（*Grasping the Wind：An Exploration into the Meaning of Chinese Acupuncture Point Names*），第 325 页。

㉗ 埃利斯（Ellis）、怀斯曼（Wiseman）和博斯（Boss），《握风：探究中医穴位名称的含义》（*Grasping the Wind：An Exploration into the Meaning of Chinese Acupuncture Point Names*），第 326 页。

㉘ 埃利斯（Ellis）、怀斯曼（Wiseman）和博斯（Boss），《握风：探究中医穴位名称的含义》（*Grasping the Wind：An Exploration into the Meaning of Chinese Acupuncture Point Names*），第 56 页。

ST-1，承泣[28]（译者注：【别名】鼷穴，面髎，溪穴。【穴义】足阳明胃经的气血由本穴而出。【注意】中医学中此穴属于足阳明胃经穴，为足阳明胃经、任脉、阳跷脉的交会穴。本书将其他经与任脉等奇经八脉的交会穴，也算作奇经八脉的穴位）。

特殊属性：据一些资料显示，此穴是胃经、阳跷脉和任脉的交会穴，双侧都有这一穴位。

位置：瞳孔与眶下缘隆起处之间。

解剖学结构：眶下动、静脉和眼动、静脉的分支，以及动眼神经、面神经的分支都在此处。

评注：应朝向头顶的中心点，即斜向上 45° 角来击打。用力击打可以击碎颧骨并对眼睛造成损伤。

第三节 督脉

督脉者，阳脉之海也。

——吕广

督脉可视为"人体电池"的阳极。其从与任脉的交点会阴开始，向后延伸至脊椎尾端的督脉第一穴——长强（图 3.1）。督脉从长强向上沿着脊柱中心线运行至哑门，此穴是头部和脊柱相连的点。从哑门开始，督脉沿着头部中心线向上并向面部延伸，然后沿着面部中心线向下，直至与任脉相交于龈交。

由于督脉具有阳的特性，因此相比于阴柔的任脉来说，督脉在遭受击打时显得更坚实且富有弹性。根据中医学和西方医学的观点，人体的阳面是天然的减震器。假设有人要用鞭子抽打你，你会站在那里任凭对方击打你的身体正面吗？我不这么认为。你会下意识地用后背来承受击打。这样击打就会落在身体的阳面上，保护更易受伤的阴面。人体的阳面可以承受更多的物理冲击，而阴面则更易受到创伤。对武者来说，这是一条非常重要的线索。事实上，人体是为保护阴面而设计的，这表明对阴面的攻击将对身体造成更为严重的损伤。[1]

从治疗学的角度而言，督脉的主要功能是传递从阳维脉进出的能量，其次才是传递或接收其他经络的能量。在医学文献中[2]，督脉传输的能量通常被称为"阳气"。传统中医书中经常把督脉称为"阳脉

---

[1] 莫尼梅克（Moneymaker）的《捕手术参考手册》（*Torite-Jutsu Reference Manual*），第 11 ~ 17 页。
[2] 拉雷（Larre）和瓦尔（Vallee）的《奇经八脉》（*The Eight Extraordinary Meridians*），第 26 页。

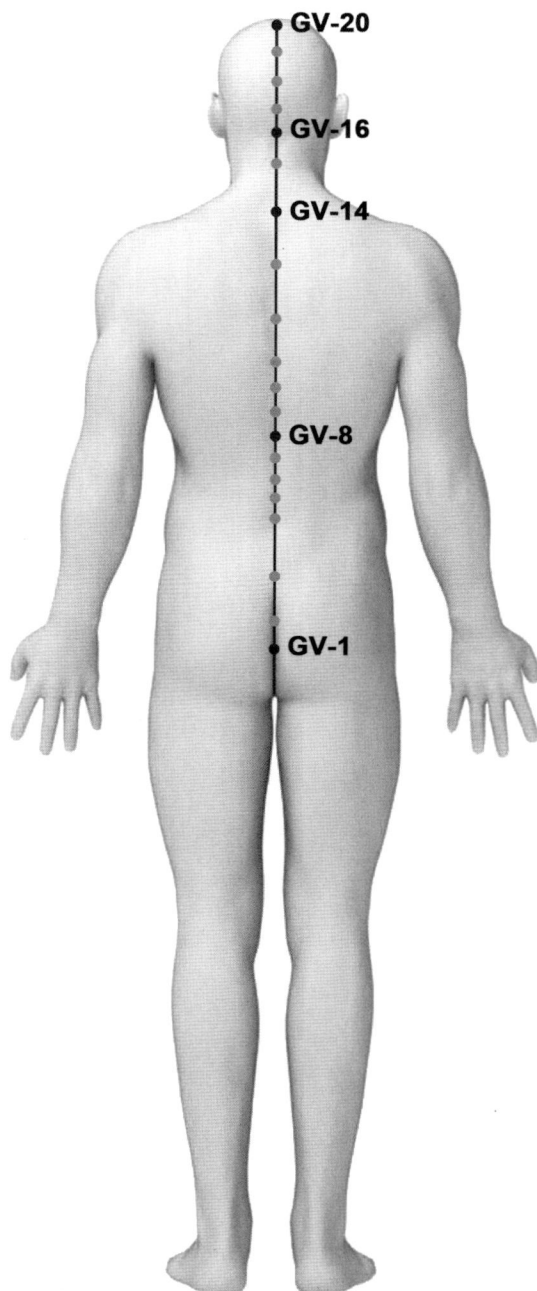

图 3.1 督脉（GV-20—百会，GV-16—风府，GV-14—大椎，GV-8—筋缩，GV-1—长强）

之海"③。这些术语对西方人来说可能有些神秘。因此将督脉视为"人体电池"的阳极更容易理解。督脉与阳维脉相连，使得经络子系统与十二条主经络之间的能量传输平稳无阻。

从解剖学的角度来看，督脉的轨迹沿着脊柱和颅骨这些坚硬骨结构分布。这些骨结构与贯穿身体前部中线的柔软身体组织形成了鲜明的对比。亚洲人也注意到了这一区别，并将躯干背部的坚硬与阳性联系起来，将躯干前面的柔软与阴性联系起来。他们应用道家学说阐释身体的物理结构，该学说也是中国传统哲学的根源。正如一些穴位讲师在研讨会上所说：没有所谓的阳性能量或阴性能量，有的仅仅是能量本身，中医称之为"气"。在这个模型中，阴、阳是应用于人体每个方面的用于对比的术语。此外，阴、阳被中国人用来比较自然界的一切事物，"气"也可以用同样的方式来进行比较。气可以具有阴性特质或阳性特质，这两种特质都与昼夜周期有关。但无论如何，它仍然只是气，不应被视为"阴气"或"阳气"。阴阳之道将在本书后面详细介绍。

督脉对整个奇经八脉系统来说非常重要。督脉不仅是"人体电池"的阳极，它还具有将能量运送到与阳性相关的主经络以纠正能量失衡的功能。督脉不但能通过与膀胱经交会直接完成能量交换，而且能通过与阳维脉的连接间接完成能量交换，因为双侧的阳维脉与所有和阳性相关的主经络都可以相互影响。

督脉穴位阐释如下。

GV-1，长强④（译者注：【别名】橛骨，龟尾，骨骶。【穴义】胞宫中的高温高压的水湿之气由此外输体表）。

特殊属性：此穴是肾经、胆经和督脉的交会穴，也被《白鹤拳论》

---

③ 埃利斯（Ellis）、怀斯曼（Wiseman）和博斯（Boss）的《中国针灸基础》（*Fundamentals of Chinese Acupuncture*），第 369 页。

④ 埃利斯（Ellis）、怀斯曼（Wiseman）和博斯（Boss）的《握风：探究中医穴位名称的含义》（*Grasping the Wind: An Exploration into the Meaning of Chinese Acupuncture Point Names*），第 327 页。

列为 36 个致命穴位之一。

位置： 在会阴部，尾骨下方。

解剖学结构： 该区域有肛动脉和肛静脉的分支，同时也存在着尾神经后支和肛神经。

评注： 请记住，对该穴位的击打会对身体能量造成巨大的影响。攻击这个穴位时应该以 45° 角向上打，这样可以将击打力量指向身体的能量核心。从武术角度来看，这个穴位通常很难被击中，但当你移动到对手的背后时，就可以针对尾骨进行膝击。这种击打对于让对手失能非常有效。对这个区域进行强力膝击不仅可以冲击人体能量核心，还可以通过冲击尾骨与腰椎的连接处来攻击神经系统（图 3.2）。其防御与反击的方法见图 3.3 ~ 3.6。

图 3.2 在闪避对手的初始攻击后，有可能在外部获得优势位置。可以抓住对手的衣服，顺势把对手带入战术上的弱势位置，随后向长强区域进行有力的膝击。请注意，在这种支配地位下，可以连续施展多个膝击。一旦你在对手身上确立了这种优势，就没有必要改变位置或转换其他技术

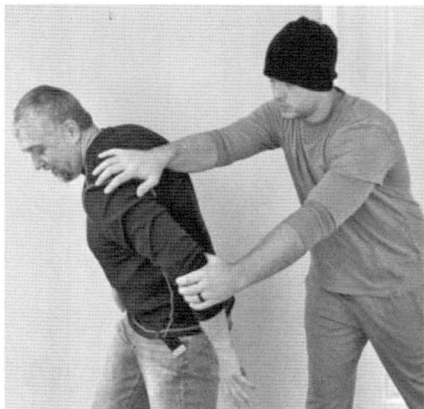

图 3.3　攻击者(右)占据了优势位置，并施展关节技控制了你的肩膀和手臂

图 3.4　快速转身面对攻击者，同时开始抬起被控制的手臂

图 3.5　在向攻击者靠近的同时继续抬起手臂

图 3.6　对攻击者的胸部施以肘击

GV-2，腰俞⑤（译者注：【别名】腰户，髓俞，背解。【穴义】督脉气血由此输向腰之各部）。

位置： 在距离长强大约 1.5 寸的后正中线上，在骶骨的上方。

解剖学结构： 有骶正中动脉和骶正中静脉的分支，以及尾神经

⑤埃利斯（Ellis）、怀斯曼（Wiseman）和博斯（Boss）的《握风：探究中医穴位名称的含义》（*Grasping the Wind: An Exploration into the Meaning of Chinese Acupuncture Point Names*），第 329 页。

的一个分支。

评注：以与击打长强相同的方法进行击打。

GV-3，腰阳关⑥（译者注：【别名】阳关，脊阳关。【穴义】督脉的上行气血中滞重的水湿在此沉降）。

位置：位于脊柱第4腰椎下，后正中线上。

解剖学结构：此处有腰动脉的后支和腰神经后支的内侧支。

评注：攻击此穴位或人体背部的大部分督脉穴位，仅限于处在对手身后的情况下。由于背部属阳，具有天然的防御属性，因此必须采用强有力的攻击方式。如果在使用其他技术击倒对手后，其已经俯卧在地，则可以利用足跟踩踏督脉穴位来使其失能。这种强硬的踩踏动作不仅会冲击身体的能量核心，还可能对脊柱造成结构性损伤（图3.7、3.8）。其防御与反击的方法见图3.9 ~ 3.11。

图3.7 对手已经倒在地上，背对你。注意对手自然蜷缩的姿势，这是下意识保护阴面的反应

图3.8 利用对手目前的劣势，向其背部中央的督脉穴位进行强有力的踢击

---

⑥埃利斯（Ellis）、怀斯曼（Wiseman）和博斯（Boss）的《握风：探究中医穴位名称的含义》（*Grasping the Wind: An Exploration into the Meaning of Chinese Acupuncture Point Names*），第330页。

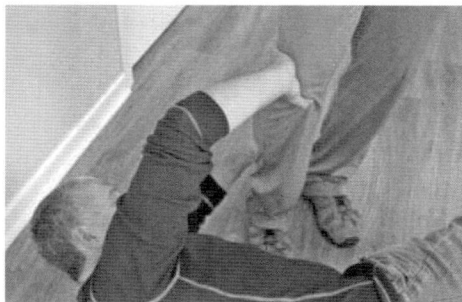

图 3.10　一只手应抓住攻击者的脚跟，另一只手应抓住其膝部下方的穴位。注意：可以利用你的前臂来完成这个动作

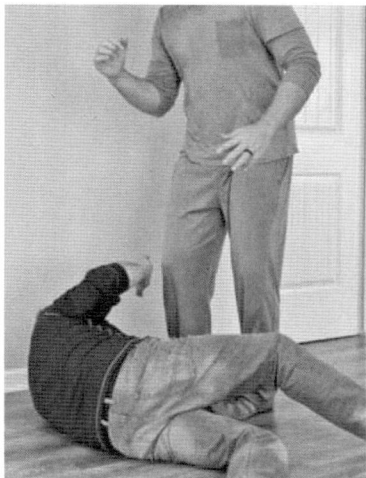

图 3.9　被摔倒在地后，迅速向攻击者所在的方向（右）翻滚

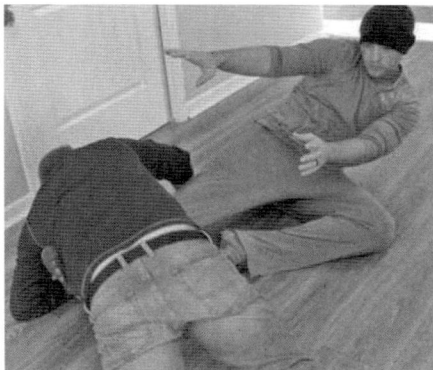

图 3.11　抓住攻击者脚跟的手向内拉，抓住其膝部的另一只手向外推，这样可以使攻击者摔倒在地

　　GV-4，命门 [7]（译者注：【别名】属累，精宫。【穴义】脊骨中的高温高压阴液由此外输督脉）。

　　位置： 在脊柱中线第 2 腰椎下方。

---

[7] 埃利斯（Ellis）、怀斯曼（Wiseman）和博斯（Boss）的《握风：探究中医穴位名称的含义》（ *Grasping the Wind: An Exploration into the Meaning of Chinese Acupuncture Point Names* ），第 331 页。

解剖学结构：腰动脉的后支与腰神经后支的内侧支均存在于这个穴位处。

评注：以与击打腰阳关相同的方法击打它。

GV-5，悬枢[8]（译者注：【别名】悬柱。【穴义】督脉气血由此外输腰脊各部）。

位置：在脊柱中线第 1 腰椎下方。

解剖学结构：腰动脉的后支与腰神经后支的内侧支均存在于这个穴位处。

评注：以与击打腰阳关相同的方法击打它。

GV-6，脊中[9]（译者注：【别名】脊俞，神宗。【穴义】脊骨中外输的高温高压水液在此急速气化）。

位置：在脊柱中线第 11 胸椎下方。

解剖学结构：第 11 肋间动脉的后支和第 11 胸神经后支的内侧支均存在于此穴位处。

评注：以与击打腰阳关相同的方法击打它。

GV-7，中枢[10]（译者注：【穴义】督脉的天部水湿之气由此外输脊背各部）。

位置：在脊柱中线第 10 胸椎下方。

解剖学结构：第 10 肋间动脉的后支和第 10 胸神经后支的内侧支

[8] 埃利斯（Ellis）、怀斯曼（Wiseman）和博斯（Boss）的《握风：探究中医穴位名称的含义》（*Grasping the Wind: An Exploration into the Meaning of Chinese Acupuncture Point Names*），第 332 页。
[9] 埃利斯（Ellis）、怀斯曼（Wiseman）和博斯（Boss）的《握风：探究中医穴位名称的含义》（*Grasping the Wind: An Exploration into the Meaning of Chinese Acupuncture Point Names*），第 332 页。
[10] 埃利斯（Ellis）、怀斯曼（Wiseman）和博斯（Boss）的《握风：探究中医穴位名称的含义》（*Grasping the Wind: An Exploration into the Meaning of Chinese Acupuncture Point Names*），第 333 页。

均存在于此穴位处。

评注： 以与击打腰阳关相同的方法击打它。

GV-8，筋缩[11]（译者注：【穴义】督脉的天部水湿风气在此散热缩合）。

位置： 在背部脊柱中线第 9 胸椎下方。

解剖学结构： 第 9 肋间动脉的后支和第 9 胸神经后支的内侧支均存在于此穴位处。

评注： 按照击打腰阳关的方法击打它。

GV-9，至阳[12]（译者注：【别名】金阳。【穴义】督脉气血在此吸热后化为天部阳气）。

位置： 在背部脊柱中线第 7 胸椎下方，与肩胛骨底点相平。

解剖学结构： 第 7 肋间动脉的后支和第 7 胸神经后支的内侧支均存在于此穴位处。

评注： 击打方式应与腰阳关相类似，如果可能，应瞄准身体的能量核心部位进行击打（如果对手是站立的，则以 45° 角向下攻击）。

GV-10，灵台[13]（译者注：【别名】灵阳，肺底。【穴义】督脉气血在此化为天之上部的阳热之气）。

位置： 在背部脊柱中线第 6 胸椎下方。

解剖学结构： 第 6 肋间动脉的后支和第 6 胸神经后支的内侧支均

---

[11] 埃利斯（Ellis）、怀斯曼（Wiseman）和博斯（Boss）的《握风：探究中医穴位名称的含义》（ *Grasping the Wind: An Exploration into the Meaning of Chinese Acupuncture Point Names* ），第 334 页。

[12] 埃利斯（Ellis）、怀斯曼（Wiseman）和博斯（Boss）的《握风：探究中医穴位名称的含义》（ *Grasping the Wind: An Exploration into the Meaning of Chinese Acupuncture Point Names* ），第 334 页。

[13] 埃利斯（Ellis）、怀斯曼（Wiseman）和博斯（Boss）的《握风：探究中医穴位名称的含义》（ *Grasping the Wind: An Exploration into the Meaning of Chinese Acupuncture Point Names* ），第 335 页。

存在于此穴位处。

评注：按照击打至阳的方法击打此穴。

GV-11，神道[14]（译者注：【别名】神通，冲道，脏俞。【穴义】督脉阳气在此循其固有通道上行）。

位置：在背部脊柱中线第 5 胸椎下方。

解剖学结构：第 5 肋间动脉的后支和第 5 胸神经后支的内侧支均存在于此穴位处。

评注：按照击打至阳的方法击打此穴。

GV-12，身柱[15]（译者注：【穴义】督脉气血在此吸热后呈强劲饱满之状）。

位置：在背部脊柱中线第 3 胸椎下方。

解剖学结构：第 3 肋间动脉的后支和第 3 胸神经后支的内侧支均存在于此穴位处。

评注：按照击打至阳的方法击打此穴。

GV-13，陶道[16]（译者注：【穴义】督脉阳气散热后在此化为温热之气）。

位置：在背部正中线第 1 胸椎下方。

解剖学结构：第 1 肋间动脉后支和第 1 胸神经后支的内侧支均在此处。

评注：击打方法与击打至阳的方法相同。

---

[14] 埃利斯（Ellis）、怀斯曼（Wiseman）和博斯（Boss）的《握风：探究中医穴位名称的含义》（*Grasping the Wind: An Exploration into the Meaning of Chinese Acupuncture Point Names*），第 336 页。
[15] 埃利斯（Ellis）、怀斯曼（Wiseman）和博斯（Boss）的《握风：探究中医穴位名称的含义》（*Grasping the Wind: An Exploration into the Meaning of Chinese Acupuncture Point Names*），第 336 页。
[16] 埃利斯（Ellis）、怀斯曼（Wiseman）和博斯（Boss）的《握风：探究中医穴位名称的含义》（*Grasping the Wind: An Exploration into the Meaning of Chinese Acupuncture Point Names*），第 337 页。

GV-14，大椎 [17]（译者注：【别名】百劳，上杼。【穴义】手足三阳的阳热之气由此汇入本穴并与督脉的阳气上行至头颈）。

特殊属性：此穴是六阳经和督脉的交点，也是《白鹤拳论》中列出的 36 个致命穴位之一。

位置：位于第 7 颈椎和第 1 胸椎之间，后正中线上，通常与肩齐平。

解剖学结构：颈横动脉的一个分支、第 8 颈神经后支和第 1 胸神经后支的内侧支均在此处。

评注：击打方法与击打至阳的方法相同。

GV-15，哑门 [18]（译者注：【别名】舌厌，横舌。【穴义】督脉阳气在此散热冷缩）。

特殊属性：此穴是阳维脉和督脉的交点。

位置：后发际正中直上约 0.5 寸处，此穴位标志着督脉离开背部并向上延伸到头部。

解剖学结构：枕动脉和枕静脉的分支以及第 3 枕神经均在此处。

评注：此穴位对武者而言非常重要。击打这个穴位应该以向上大约 30° 角为方向。这个穴位位于头骨和脊柱的连接处，骨性结构非常脆弱，击打这个穴位可能直接导致死亡。

GV-16，风府 [19]（译者注：【别名】舌本，鬼穴。【穴义】督脉之气在此吸湿化风）。

---

[17] 埃利斯（Ellis）、怀斯曼（Wiseman）和博斯（Boss）的《握风：探究中医穴位名称的含义》（*Grasping the Wind: An Exploration into the Meaning of Chinese Acupuncture Point Names*），第 338 页。

[18] 埃利斯（Ellis）、怀斯曼（Wiseman）和博斯（Boss）的《握风：探究中医穴位名称的含义》（*Grasping the Wind: An Exploration into the Meaning of Chinese Acupuncture Point Names*），第 339 页。

[19] 埃利斯（Ellis）、怀斯曼（Wiseman）和博斯（Boss）的《握风：探究中医穴位名称的含义》（*Grasping the Wind: An Exploration into the Meaning of Chinese Acupuncture Point Names*），第 340 页。

图 3.12 在对抗中获得优势位置后，进而向对手后脑方向进行攻击

图 3.13 这是一个瞄准哑门和风府的锤式凿击。这个技巧可能会令对手丧命，因此只应在生死关头使用

图 3.14 当攻击者（右）开始进攻时，靠近他并压制其进攻手臂

图 3.15 扭转身体，将你的中线偏离攻击者，同时将你的肘部滑入他身体中线的位置

图 3.16　使用肘部给对手的胸部强力一击

特殊属性： 此穴是阳维脉和督脉的交点，也是《白鹤拳论》中列出的 36 个致命穴位之一。

位置： 哑门上方约 0.5 寸。

解剖学结构： 枕动脉的一个分支以及第 3 枕神经和枕大神经的分支均在此处。

评注： 因为与哑门非常接近，击打其中一个穴位通常会同时影响到另一个穴位，所以这个穴位对武者来说非常重要。击打方法与击打哑门的方法相同（图 3.12、3.13）。其防御与反击的方法见图 3.14 ~ 3.16。

GV-17，脑户[20]（译者注：【别名】匝风，会额，迎风。【穴义】督脉气血在此变为天之下部的水湿云气）。

特殊属性： 此穴是膀胱经和督脉的交点。

位置： 在头部正中线上，风府上方约 1.5 寸处。

解剖学结构： 枕动脉和枕静脉的分支及枕大神经的一个分支均在

---

[20] 埃利斯（Ellis）、怀斯曼（Wiseman）和博斯（Boss）的《握风：探究中医穴位名称的含义》（ *Grasping the Wind: An Exploration into the Meaning of Chinese Acupuncture Point Names* ），第 341 页。

此处。

评注：以类似击打哑门的方法击打此穴。这个穴位不像哑门和风府那样敏感，但击打这个穴位可以导致昏厥。

GV-18，强间[21]（译者注：【别名】大羽。【穴义】督脉气血在此吸热后化为强劲的上行阳气）。

位置：位于头部正中线上，脑户上方约 1.5 寸。

解剖学结构：颈动脉和颈静脉的分支及枕大神经的分支存在于此穴位处。

评注：为了达到最佳效果，应以 90° 角进行击打。

GV-19，后顶[22]（译者注：【别名】交冲。【穴义】督脉的上行气血中滞重水湿在此冷缩下行）。

位置：位于头部正中线上，强间上方约 1.5 寸。

解剖学结构：颈动脉和颈静脉的分支及枕大神经的分支都存在于此穴位处。

评注：瞄准头部中心，以约 30° 角进行击打。

GV-20，百会[23]（译者注：【别名】三阳五会，天满，巅上。【穴义】手足三阳经及督脉的阳气在此交会）。

特殊属性：六阳经与督脉的交会穴之一。

位置：位于头部正中线上，后顶上方约 1.5 寸。

解剖学结构：头部两侧的颞浅动脉和颞浅静脉的大量网状分支，

[21] 埃利斯（Ellis）、怀斯曼（Wiseman）和博斯（Boss）的《握风：探究中医穴位名称的含义》（*Grasping the Wind: An Exploration into the Meaning of Chinese Acupuncture Point Names*），第 342 页。
[22] 埃利斯（Ellis）、怀斯曼（Wiseman）和博斯（Boss）的《握风：探究中医穴位名称的含义》（*Grasping the Wind: An Exploration into the Meaning of Chinese Acupuncture Point Names*），第 343 页。
[23] 埃利斯（Ellis）、怀斯曼（Wiseman）和博斯（Boss）的《握风：探究中医穴位名称的含义》（*Grasping the Wind: An Exploration into the Meaning of Chinese Acupuncture Point Names*），第 343 页。

以及枕大神经的分支存在于此处。

评注： 按照中国气功的原理来讲，该穴位是气进入身体的主要位置之一，这使其成为武者的攻击目标。鉴于颅骨的天然强度，对该穴位的击打需要用力。此外，只有当对手趴在地上时，才能接触到该穴位。对该穴位的有力踢击不仅可以扰乱身体能量系统，还可能对大脑造成损伤。击打应以 90° 角垂直向下进行。

GV-21，前顶[24]（译者注：【穴义】前面督脉的上行之气在此被顶撞不能上行）。

位置： 位于百会前方约 1.5 寸。

解剖学结构： 两侧颞浅动脉和颞浅静脉的网状分支、额神经的分支及枕大神经的分支均存在于此穴位处。

评注： 击打方法与击打百会的方法相同。

GV-22，囟会[25]（译者注：【别名】囟中，鬼门，天窗。【穴义】督脉上行的弱小水湿在此聚集）。

特殊属性： 该穴位在《白鹤拳论》中被列为 36 个致命穴位之一。

位置： 位于头部正中线上，前顶前方约 1.5 寸。

解剖学结构： 颞浅动脉和滑车上动脉与滑车上静脉的分支，以及额神经的分支存在于此穴位处。

评注： 以与击打百会相同的方法击打此穴位。

---

[24] 埃利斯（Ellis）、怀斯曼（Wiseman）和博斯（Boss）的《握风：探究中医穴位名称的含义》（*Grasping the Wind: An Exploration into the Meaning of Chinese Acupuncture Point Names*），第 345 页。

[25] 埃利斯（Ellis）、怀斯曼（Wiseman）和博斯（Boss）的《握风：探究中医穴位名称的含义》（*Grasping the Wind: An Exploration into the Meaning of Chinese Acupuncture Point Names*），第 345 页。

GV-23，上星 [26]（译者注：【别名】鬼堂，明堂，神堂。【穴义】督脉气血在此吸热后缓慢蒸升）。

位置： 位于囟会前方约 1 寸，前发际正中直上 1 寸。

解剖学结构： 滑车上动脉和颞浅动脉与颞浅静脉的分支，以及额神经的分支存在于此穴位处。

评注： 以 45° 角向下击打此穴位。

GV-24，神庭 [27]（译者注：【别名】天庭。【穴义】督脉的上行之气在此聚集）。

特殊属性： 此穴为膀胱经、胃经和督脉的交会穴之一，也是《白鹤拳论》中列举的 36 个致命穴位之一。

位置： 位于上星前方约 0.5 寸，前发际正中直上约 0.5 寸。

解剖学结构： 滑车上动脉和滑车上静脉的分支及额神经的分支存在于此穴位处。

评注： 应以 45° 角向下进行击打，击打要非常有力才能有效果。

GV-25，素髎 [28]（译者注：【别名】面王，面正，面土。【穴义】督脉气血在此液化而降）。

位置： 位于鼻尖上。

解剖学结构： 面动脉和面静脉的鼻侧分支，以及筛前神经的外侧鼻支存在于此穴位处。

评注： 应以斜向上 45° 角击打，可能会打断鼻子。

---

[26] 埃利斯（Ellis）、怀斯曼（Wiseman）和博斯（Boss）的《握风：探究中医穴位名称的含义》（*Grasping the Wind: An Exploration into the Meaning of Chinese Acupuncture Point Names*），第 346 页。

[27] 埃利斯（Ellis）、怀斯曼（Wiseman）和博斯（Boss）的《握风：探究中医穴位名称的含义》（*Grasping the Wind: An Exploration into the Meaning of Chinese Acupuncture Point Names*），第 347 页。

[28] 埃利斯（Ellis）、怀斯曼（Wiseman）和博斯（Boss）的《握风：探究中医穴位名称的含义》（*Grasping the Wind: An Exploration into the Meaning of Chinese Acupuncture Point Names*），第 348 页。

GV-26，水沟[29]（译者注：【别名】人中，鬼宫，鬼排。【穴义】督脉的冷降水液在此寻地部沟渠下行）。

特殊属性：此穴是大肠经和督脉的交会穴之一，也是《白鹤拳论》中列举的 36 个致命穴位之一。

位置：位于鼻下，稍高于人中的中间点。

解剖学结构：上唇动脉、上唇静脉，以及面神经的颊支和眶下神经的分支存在于此穴位处。

评注：这个穴位可以被捶击或捏压。在需要控制一个人的情况下，可以用拇指和食指夹住水沟，效果非常明显。应以 45° 角向上击打此穴（图 3.17）。如果用力击打，也会击中素髎。其防御与反击的方法见图 3.18、3.19

GV-27，兑端[30]（译者注：【别名】兑骨。【穴义】督脉经水由此落入口腔内部）。

位置：位于人中和上唇的交界处。

解剖学结构：上唇动脉、上唇静脉，以及面神经的颊支和眶下神经的分支存在于此穴位处。

评注：以与击打水沟相同的方法击打此穴。

GV-28，龈交[31]（译者注：【别名】齿根生。【穴义】督脉经水由此流入齿所主的骨部，并与任脉气血会合）。

特殊属性：该穴位是胃经、任脉和督脉的交会点。

---

[29] 埃利斯（Ellis）、怀斯曼（Wiseman）和博斯（Boss）的《握风：探究中医穴位名称的含义》（*Grasping the Wind: An Exploration into the Meaning of Chinese Acupuncture Point Names*），第 349 页。

[30] 埃利斯（Ellis）、怀斯曼（Wiseman）和博斯（Boss）的《握风：探究中医穴位名称的含义》（*Grasping the Wind: An Exploration into the Meaning of Chinese Acupuncture Point Names*），第 350 页。

[31] 埃利斯（Ellis）、怀斯曼（Wiseman）和博斯（Boss）的《握风：探究中医穴位名称的含义》（*Grasping the Wind: An Exploration into the Meaning of Chinese Acupuncture Point Names*），第 351 页。

位置：位于上唇内，上唇系带与上牙龈的交点。

解剖学结构：上唇动脉和上唇静脉及上齿槽神经的一个分支存在于此穴位处。

评注：以与击打水沟相同的方法击打此穴（图3.17）。其防御与反击的方法见图3.18、3.19。

图3.17 对头部中心线进行向上击打将同时扰乱督脉的几个穴位

图3.18 当攻击者（右）试图向你的头部中心线施展上勾拳时，用你的前臂内侧偏转攻击

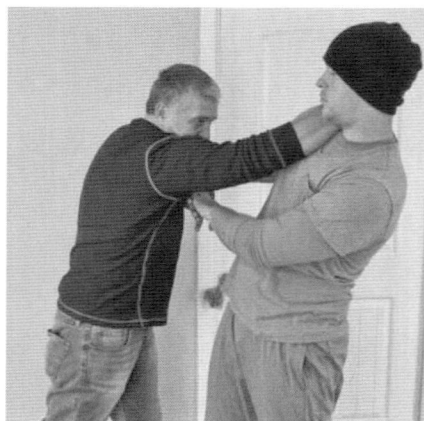

图3.19 你顺势迅猛地贴近对手，并用前臂击打对手的脖子

第四节　冲脉

记住，针灸是用于治疗的，而治疗比破坏要困难得多。

——鲁斯蒂·麦克梅因斯（Rusty McMains）

冲脉是"人体电池"子系统的第三个，也是最后一个能量通道。它非常复杂，因为其内部路径的穴位往往具备许多不同的功能[①]（图4.1）。冲脉可以被视为其他奇经八脉的源头。[②]同理，奇经八脉应被视为十二正经的源头。根据传统中医的观点，生命精华的来源是肾脏，而冲脉起源于该位置。冲脉与其他奇经八脉相连接，并将能量传播到能量系统的其他部分。[③]

冲脉与任脉和督脉在会阴处相连。这种连接使得"人体电池"能够通过与其他奇经八脉的连接来和十二正经交换能量。[④]从十二正经吸取的能量会返回冲脉。同样，如果十二正经需要额外的能量来纠正失衡，那么它将从冲脉中获取这部分能量。作为"人体电池"的阴与阳，任脉和督脉的穴位是连接经络的关键所在。实际上正是这些经络在负责与十二正经的能量运输和交换，而冲脉负责储存能量。[⑤]

从武术格斗的角度来看，相比于研究直接对冲脉的攻击，研究冲脉在人体内的循行路径就没有太大的用处。冲脉有时被称为"能量核

[①] 马乔怡（Maciocia）的《中医学基础》（*The Foundations of Chinese Medicine*），第 360 页。

[②] 杨俊敏（Jwing-Ming Yang）的《中国气功根源》（*The Root of Chinese Chi Kung*），第 234 页。

[③] 蒂加登（Teeguarden）的《穴位指压完全指南》（*A Complete Guide to Acupressure*），第 56 页。

[④] 拉雷（Larre）和瓦尔（Vallee）的《奇经八脉》（*The Eight Extraordinary Meridians*），第 17 页。

[⑤] 拉雷（Larre）和瓦尔（Vallee）的《奇经八脉》（*The Eight Extraordinary Meridians*），第 212 ~ 213 页。

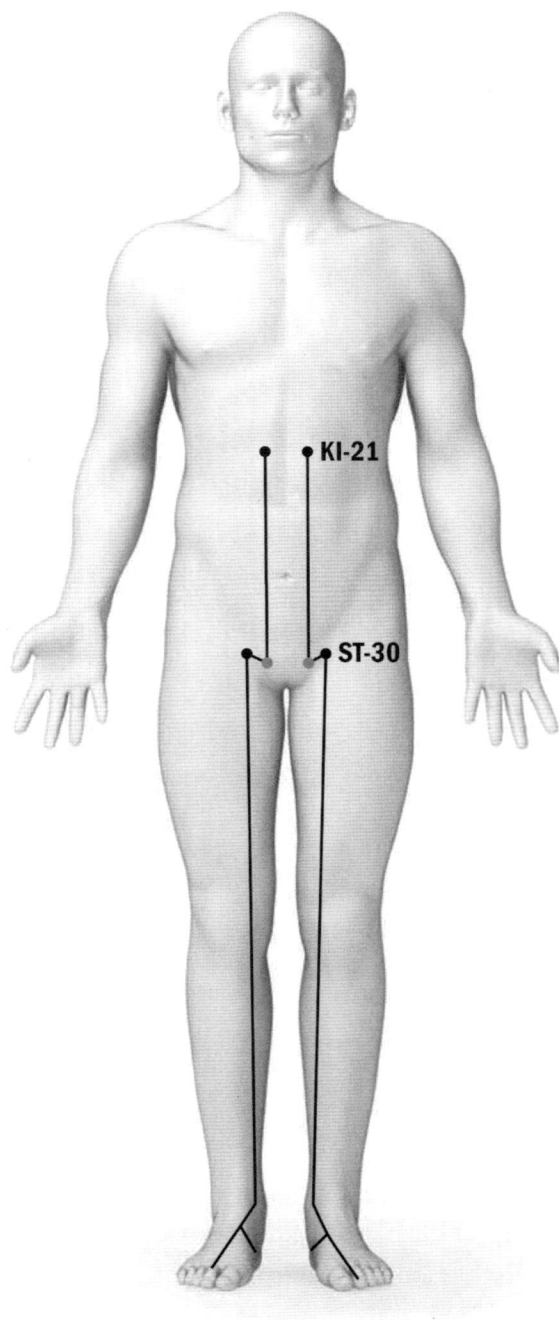

图 4.1 冲脉（KI-21—幽门，ST-30—气冲）

心"。对人体躯干的大部分击打都是针对能量核心进行的。它们比随机击打躯干更为有效。攻击中的动能传递会对能量核心产生冲击。冲脉几乎很难被直接击中，但是针对躯干的击打所产生的动能可以扰乱核心的能量平衡。

冲脉的内部路径如下：第一条路径起源于下腹部的能量核心，并沿着肾经向上穿过身体，直至在胸部分散开来；第二条路径从胸部开始，向上穿过喉咙进入面部，最后止于鼻腔；第三条路径从肾经的横骨向下延伸至足底；第四条路径从胃经的气冲向下延伸至足跟，并终止于跆趾；最后一条路径从下腹部的能量核心分离出来，沿着脊柱的内部向上延伸。

一些中医文献将横骨至幽门的穴位列为肾经与冲脉共享的穴位，但大多数文献则认为，在人体内冲脉比肾经所在位置更深，并且不包含肾经的穴位。冲脉有时被称为太冲脉。

从能量角度来看，使用格斗技术攻击会阴会给对手造成毁灭性的影响。鉴于该穴位的位置，在激烈的对抗中通常很难攻击到它，但有一些技术可以攻击到。会阴是任脉、督脉和冲脉的交叉点，攻击该穴位会对身体能量核心的稳定状态造成重大影响。根据《白鹤拳论》中的信息，此类攻击会直接冲击干扰能量核心，并可能对生命构成威胁。

冲脉穴位阐释如下。

CV-1，会阴[6]（译者注：【别名】下阴别，屏翳，海底。【穴义】由人体上部降行的地部阴液在此交会）。

特殊属性： 是任脉、督脉和冲脉的交会穴，也被列为《白鹤拳论》的 36 个致命穴位之一。

位置： 位于肛门和生殖器底部之间。

---

[6] 埃利斯（Ellis）、怀斯曼（Wiseman）和博斯（Boss）的《握风：探究中医穴位名称的含义》（*Grasping the Wind：An Exploration into the Meaning of Chinese Acupuncture Point Names*），第303页。

解剖学结构： 会阴动脉和会阴静脉的分支，以及会阴神经的分支均存在于此穴位处。

评注： 该穴位于身体的自然保护区域，很难在搏斗的情况下被击打到。然而，如果你的对手使用高位腿法踢向你的头部，或者他们趴在地上时，你先控制住他的一条腿，就可以击打到这个穴位（图4.2 ~ 4.4）。如果有机会向对手的这个穴位发起进攻，对对手将是毁灭性的打击。其防御与反击的方法见图4.5、4.6。

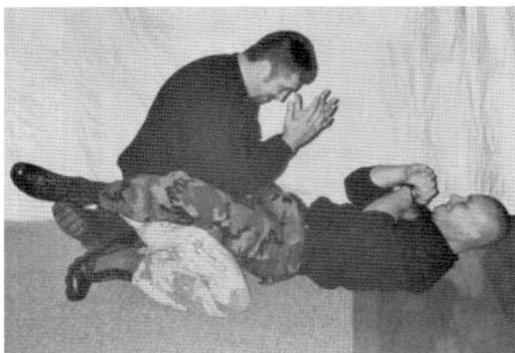

图4.2 对手处于摔跤或地面技中常见的经典防守位置

图4.3 重心下蹲，两手去够对手的双腿

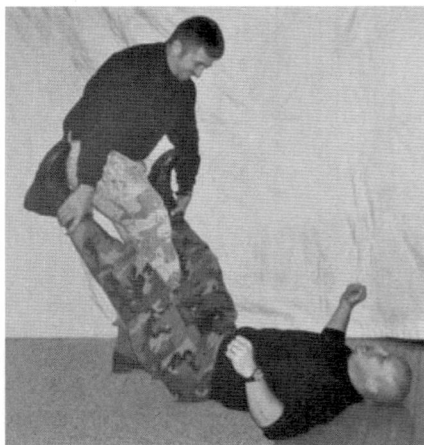

图4.4 在控制住对手的腿之后，对会阴进行有力的踢击。请注意，一旦获得这个机会，你应该连续进行几次这样的踢击

图 4.5 当攻击者（右）用肘部击打你
的大腿内侧时，控制住他的一只手腕

图 4.6 用力将攻击者向其前方和侧
面拉拽，打破其稳固姿势。你可能需要
侧身，才能正确施展这个技巧

ST-30，气冲[7]（译者注：【别名】气街，羊矢。【穴义】体内
冲脉气血由本穴外冲而出）。

特殊属性：它是胃经和冲脉的交叉点。

位置：位于脐下约 5 寸，任脉旁开约 2 寸，左右各一个。

解剖学结构：腹臂浅动、静脉的分支，腹壁下动、静脉的分支
以及髂腹股沟神经的通路都存在于此处。

评注：应瞄准身体的能量核心，对该穴位向下进行击打。

KI-11，横骨[8]（译者注：【别名】下极，屈骨，曲骨端。【穴义】肾经
的水湿云气由此横向外传）。

特殊属性：它是肾经和冲脉的交会点。

---

[7] 埃利斯（Ellis）、怀斯曼（Wiseman）和博斯（Boss）的《握风：探究中医穴位名称的含义》
（*Grasping the Wind：An Exploration into the Meaning of Chinese Acupuncture Point Names*），第
84 页。

[8] 埃利斯（Ellis）、怀斯曼（Wiseman）和博斯（Boss）的《握风：探究中医穴位名称的含义》
（*Grasping the Wind：An Exploration into the Meaning of Chinese Acupuncture Point Names*），第
206 页。

位置：位于脐下约5寸，中脘旁开约0.5寸，左右各一个，与气冲、曲骨相邻。

解剖学结构：腹壁下动、静脉，外阴动脉及髂腹下神经的分支都存在于此。

评注：以与击打气冲相同的方法进行击打。

KI-21，幽门 ⑨（译者注：【别名】幽关，上门，上关。【穴义】肾经、冲脉的寒湿水气在此吸热后极少部分循经上行）。

特殊属性：它是肾经和冲脉的交叉点。

位置：位于脐上约6寸，中脘旁开约0.5寸，左右各一个。

解剖学结构：腹壁上动、静脉、第7肋间神经的分支都存在于此。

评注：向身体的能量核心方向，瞄准身体内部向下击打该穴位（图4.7）。其防御与反击的方法见图4.8 ~ 4.12。

图 4.7 记住，对躯干的击打要瞄准身体的能量核心

---

⑨埃利斯（Ellis）、怀斯曼（Wiseman）和博斯（Boss）的《握风：探究中医穴位名称的含义》（*Grasping the Wind：An Exploration into the Meaning of Chinese Acupuncture Point Names*），第216页。

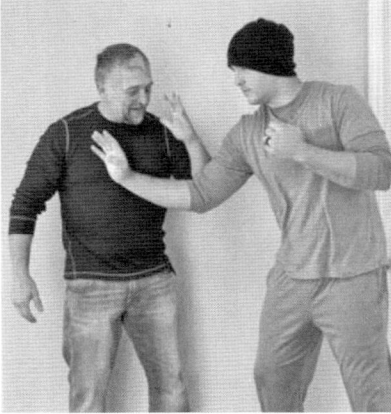

图 4.8　使用你的前臂带偏攻击者（右）的进攻路线，使其转移到内侧

图 4.9　准备反击前，要下降身体重心

图 4.10　贴近攻击者，顺势把他的手臂挤压固定在其躯干上

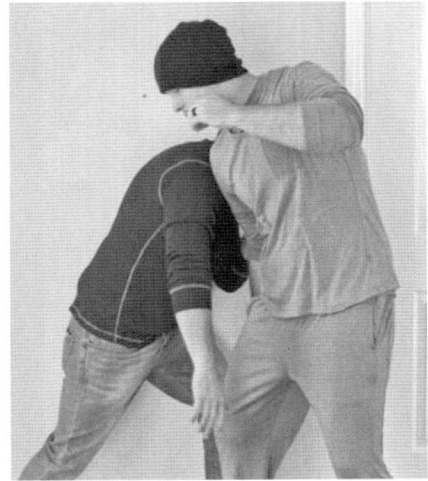

图 4.11　使用你的前臂向上挑击对手的会阴

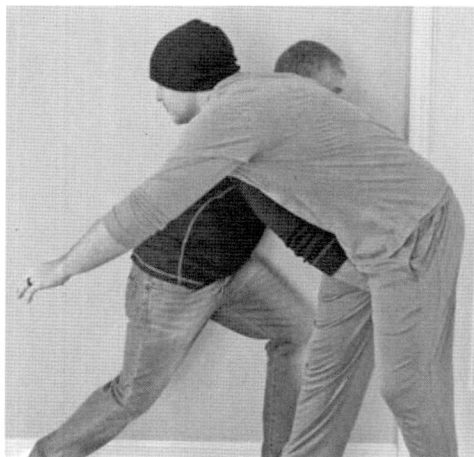

图 4.12 如果有必要，可以进行连续击打

第五节 带脉

一个人保持平衡的难度往往和他的体重呈正相关。

——岛袋龙雄（Tatsuo Shimabuku）

带脉在奇经八脉系统中扮演着重要的角色。它是唯一一个在人体上为水平方向的经络，负责平衡躯干，尤其是下腹部的能量（图 5.1）。肝经、胆经、胃经、脾经、肾经、膀胱经都与带脉相交。带脉控制着流向这些经络的能量总量。带脉的这个功能也体现在它能平衡那些循行于腿部的经络的能量，比如在遭受攻击时，躯干或头部受到创伤，此时带脉会"收紧"（阻碍能量流向腿部），进而迅速降低腿部经络的能量流动。这会导致受攻击者膝关节弯曲或完全倒地。

带脉与胆经和肝经共享穴位，这表明这条奇经可以帮助维持同为木属性的胆经和肝经之间的平衡。[1] 带脉没有起始点或终点，因为它环绕身体一周，首尾相连。这形成了一个围绕身体的"腰带"，该经络的名称便由此而来。

一些传统中医教材将带脉与冲脉一起讲述，但详细的研究表明，带脉在功能上不如组成了"人体电池"的任脉、督脉和冲脉。此外，谢明德（Mantak Chia）[2] 和威廉·莱希（Wilhelm Reich）[3] 的研究指出，在人体的不同部位环绕着多个"能量带"。这些理论和支持性研究表

---

[1] 杨俊敏（Jwing-Ming Yang）的《中国气功根源》（*The Root of Chinese Chi Kung*），第 236 页。

[2] 谢明德（Mantak Chia）、玛妮温·谢（Maneewan Chia）的《气内脏按摩：内脏养护之道》（*Chi Nei Tsang: Internal Organs of Chi Massage*），第 39 ~ 42 页。

[3] 莱希（Reich）的《性格分析》（*Character Analysis*）。莱希的研究是从西方的视角出发，但其与中医对生物能量或气的理解十分相符。

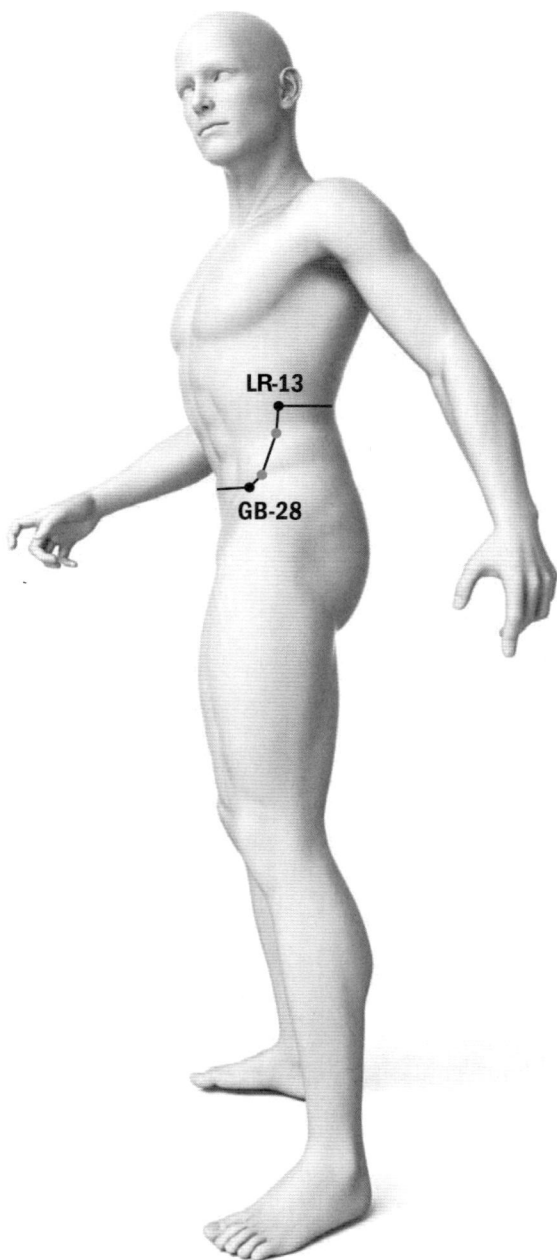

图 5.1 带脉（LR-13—章门，GB-28—维道）

明：在传统的道家思想的支持下，这些"能量带"可能构成一个完整的能量子系统。上述内容超出了本节的研究范围，因为其基本上是从治疗或诊断的角度来论述的。

在格斗中，针对带脉的攻击可以破坏人体的平衡。这是一种结构力学或生物力学攻击，可以打开对手的防御，使其对接下来要遭受的针对能量目标的攻击更为敏感。带脉对流行于胆经和肝经的能量更具影响力，但这两条经络具有快速调整能量失衡的特点，因此，攻击带脉在武术方面的意义不大。④ 一般而言，使用带脉来调整胆经和肝经的能量更多地是从中医治疗的角度考虑。

带脉穴位阐释如下。

LR-13，章门 ⑤（译者注：【别名】长平，胁髎，季肋。【穴义】肝经的强劲风气在此风停气息）。

特殊属性：此穴位为脾的募穴，也是肝经与胆经的交会穴。它是《白鹤拳论》中列出的 36 个致命穴位之一。

位置：在第 11 肋的游离端，左右各一个。

解剖学结构：第 6 肋间动、静脉及肋间神经皆存在于此处。

评注：这个穴位对武者来说非常重要。章门是脾的募穴，这使它成为被攻击的主要目标。通常，募穴位于或靠近它所关联的器官上方，对其进行击打应瞄准身体的能量核心或以向下45° 角瞄准身体中心。强力击打此穴位可能会对脾脏和腹腔内的其他无骨骼保护的器官造成伤害。同样，对这个区域进行击打可能会导致浮肋骨折，并使浮肋以足够的力量向内扎进腹腔后部的脆弱器官里。从能量角度来看，这个穴位非常好，它是肝经、胆经和带脉的交会穴。一次击打可同时破坏这三个经脉的能量运行。对肝经和胆经击打通常会使腿弯曲，这可以

---

④ 本书后面的章节会涵盖十二经脉与奇经八脉之间相互作用的方式的内容。
⑤ 埃利斯（Ellis）、怀斯曼（Wiseman）和博斯（Boss）的《握风：探究中医穴位名称的含义》（ *Grasping the Wind: An Exploration into the Meaning of Chinese Acupuncture Point Names* ），第 300 页。

使你的对手倒在地上，你就可以针对其颈部和头部展开后续的攻击。

GB-26，带脉[⑥]（译者注：【穴义】胆经经水在此环腰带而行）。

特殊属性：它是胆经和带脉的交会点。

位置：与脐齐平，第 11 根肋骨游离端以下约 2 寸，左右各一个。

解剖学结构：肋下动、静脉，以及肋下神经均位于此处。

评注：击打时应该针对身体的能量核心，并以向下 45° 的角度进行。

GB-27，五枢[⑦]（译者注：【别名】玉枢。【穴义】气血物质由此入带脉）。

特殊属性：此穴位是胆经和带脉的交会穴。

位置：在髋骨内侧，横平脐下方约 3 寸处，左右各一个。

解剖学结构：表浅和深层髂内动、静脉，以及髂腹股沟神经均位于此处。

评注：此穴位的击打方法是个特例，当你攻击对手的身体能量核心时，虽然仍然需要以 45° 向下的角度击打，但你瞄准的目标应该位于对手身体之外。这个穴位位于髋骨内侧，向外击打会导致髋部向后蜷缩（图 5.2 ~ 5.4）。击打这里将造成双腿屈曲，同时使胆经中产生能量波动。这在后续的进攻中非常重要，你可以借此快速击败对手。其防御与反击的方法见图 5.5 ~ 5.8。

[⑥] 埃利斯（Ellis）、怀斯曼（Wiseman）和博斯（Boss）的《握风：探究中医穴位名称的含义》（*Grasping the Wind: An Exploration into the Meaning of Chinese Acupuncture Point Names*），第 274 页。

[⑦] 埃利斯（Ellis）、怀斯曼（Wiseman）和博斯（Boss）的《握风：探究中医穴位名称的含义》（*Grasping the Wind: An Exploration into the Meaning of Chinese Acupuncture Point Names*），第 275 页。

GB-28，维道[8]（译者注：【别名】外枢。【穴义】带脉气血由此传向胆经）。

特殊属性：此穴位是胆经和带脉的交叉点。

位置：在胆经第 27 穴五枢的下方约 0.5 寸，稍微向内侧，左右各一个。

解剖学结构：表浅及深层的髂内动、静脉，以及髂腹股沟神经均位于此处。

评注：击打方法类似于五枢的击打方法。由于五枢和维道非常接近，一次击打会同时刺激到这两个穴位。

图 5.2　将自己置于对手内部并不是一个好的选择

图 5.3　一手保护头部免受攻击，同时，用另一手击打对手的五枢和维道

---

[8] 埃利斯（Ellis）、怀斯曼（Wiseman）和博斯（Boss）的《握风：探究中医穴位名称的含义》（ *Grasping the Wind: An Exploration into the Meaning of Chinese Acupuncture Point Names* ），第 276 页。

图 5.4 这会打破对手的平衡，使被攻击的臀部向后移动，从而可以进攻对手的头部和颈部

图 5.5 用一只手将攻击者（右）的手臂向外侧挡开，同时将你的另一只手臂伸到攻击者的另一侧腋下

图 5.6 将你的手臂伸到攻击者的三头肌区域，同时用另一只手臂握紧加固，然后转身并下蹲，迫使你的对手倒地

图 5.7　控制住攻击者的手臂的同时，准备向其头部进行有力的下劈掌击

图 5.8　根据实际情况对攻击者的头部侧面或后面进行击打。必要时重复相同的击打

第六节 跷脉

跷脉是一对控制眼睛、口腔和躯干津液的上升与气的下降，以及调节一般肌肉活动的经络。[①] 跷脉分为阴跷脉和阳跷脉，两者有各自不同的循行走向。它们在奇经八脉系统中对于维持人体正常功能至关重要，但从武术的角度来看，它们的影响并不显著。经络的循行路径上有一些敏感的能量穴位，这些将在穴位描述中详细介绍。

正如它们的名称所示，跷脉负责向腿部输送能量[②]。它们位于人体两侧，沿着全身循行。阴跷脉与各种阴相关的主要经络相连，并为腿部内侧提供能量。阳跷脉与阳相关的主要经络相连，并为腿部外侧提供能量。如上所述，对跷脉进行攻击的格斗技术往往局限于减少腿部的能量流动。直接攻击腿部经络或利用五行理论进行攻击，可以轻松地令对手下肢能量失衡，这足以使对手倒地[③]。

阳跷脉与督脉相连。腿部产生的能量经过阳跷脉运输到督脉中，并输送到其他缺乏能量的阳相关经络，或存储于冲脉之中。

阴跷脉

阴跷脉起始于足内踝的照海，沿着腿部内侧上行，直至进入盆腔。从那里，它沿着内部循行路径穿过腹部和胸部，与胃经交会于缺盆，然后继续向上经过喉咙，在足阳明胃经的人迎之前，到达鼻旁，连属目内眦，与阳跷脉和膀胱经相交于睛明，之后其分支进入

---

① 蒂加登（Teeguarden）的《穴位指压完全指南》（*A Complete Guide to Acupressure*），第 69 ~ 72 页。
② 杨俊敏（Jwing-Ming Yang）的《中国气功根源》（*The Root of Chinese Chi Kung*），第 236 页。
③ 五行学说是中医的基础理论之一，在第九节中有详细介绍。

脑部（图 6.1）。[④]

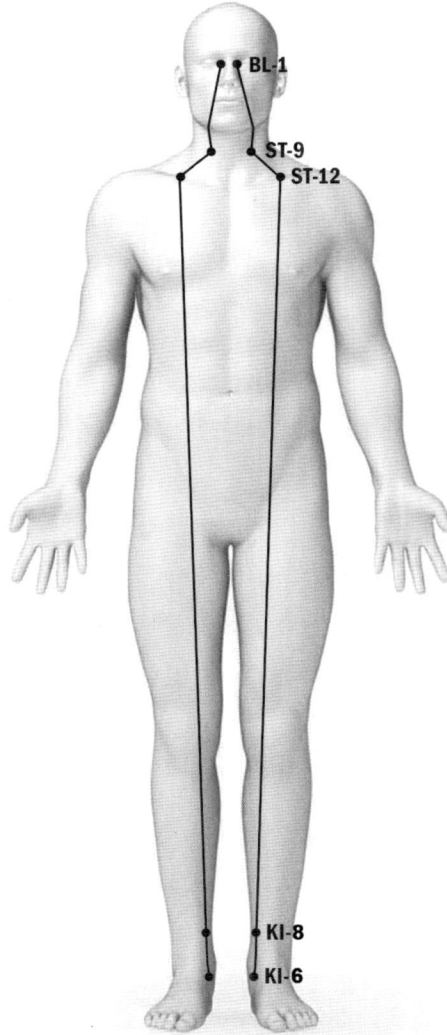

图 6.1　阴跷脉（BL-1—睛明，ST-9—人迎，ST-12—缺盆，KI-8—交信，KI-6—照海）

------

④ 马乔恰（Maciocia）的《中医学基础》（*The Foundations of Chinese Medicine*），第 362 ~ 363 页。

阴跷脉穴位阐释如下。

KI-6，照海⑤（译者注：【别名】阴跷，漏阴。【穴义】肾经经水在此大量蒸发）。

特殊属性： 此穴位是肾经和阴跷脉的交会点，也是《白鹤拳论》列出的 36 个致命穴位之一。

位置： 在内踝骨下约 1 寸处，左右各一个。

解剖学结构： 此处有足背动、静脉及隐神经的小腿内侧皮支。

评注： 当使用低扫腿瞄准小腿和足部进行踢击时，此穴位可以与其他一些穴位一起被攻击到。此外，一旦对手倒地，可以踩踏这个穴位。

KI-8，交信⑥（译者注：【别名】内筋。【穴义】肾经经气由此交于三阴交穴）。

特殊属性： 此穴位是肾经和阴跷脉的交会点。

位置： 在内踝骨上方约 2 寸处，胫骨内侧后缘，左右各一个。

解剖学结构： 此处有足背动、静脉及隐神经的小腿内侧皮支。

评注： 可以像击打照海那样对其进行攻击。

ST-12，缺盆⑦（译者注：【别名】天盖，迟盖。【穴义】胃经的地部经水在此溃缺流散并输布人体各部。【注意】原作此处不严谨。中医学中，阴跷脉入缺盆，但此缺盆指的是生理部位，并不是缺盆穴。缺盆穴也非阴跷脉穴位）。

特殊属性： 此穴位是《白鹤拳论》列出的 36 个致命穴位之一。

⑤埃利斯（Ellis）、怀斯曼（Wiseman）和博斯（Boss）的《握风：探究中医穴位名称的含义》（*Grasping the Wind: An Exploration into the Meaning of Chinese Acupuncture Point Names*），第 201 页。
⑥埃利斯（Ellis）、怀斯曼（Wiseman）和博斯（Boss）的《握风：探究中医穴位名称的含义》（*Grasping the Wind: An Exploration into the Meaning of Chinese Acupuncture Point Names*），第 204 页。
⑦埃利斯（Ellis）、怀斯曼（Wiseman）和博斯（Boss）的《握风：探究中医穴位名称的含义》（*Grasping the Wind: An Exploration into the Meaning of Chinese Acupuncture Point Names*），第 67 页。

位置：在锁骨中点，身体中心线向外约 4 寸，左右各一个。

解剖学结构：颈横动脉、锁骨上神经中支和臂丛神经的锁骨上部均存在于此处。

评注：当与对手距离较近时，此穴位是一个绝佳的目标。抓住对手的锁骨，手指顺着骨骼的生理曲线插入其锁骨后缘，要瞄准身体中心线。在对手举起手臂时，这个穴位最容易被激活，由于身体在这个位置的结构性弱点，将很大程度上使对手身体失去平衡（图 6.2 ~ 6.5）。

图 6.2 如果对手以进攻姿态抓住你的衣襟

图 6.3 将双手移到防御位置，顺势将左手滑到对手脖子后方，这样可以防止对手向后移动

图 6.4 抠住对手的锁骨，用力向对手体内钻，此技术可以攻击到缺盆

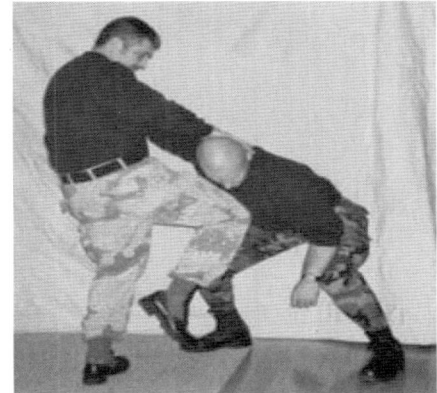

图 6.5 迫使对手蹲下，顺势对其胸部或头部行提膝攻击

向下猛击这个穴位会导致对手的膝关节不自觉地弯曲。其防御与反击的方法见图 6.6 ~ 6.8。

图 6.6 将身体中线向远离攻击者（右）的一侧略微转动，同时将前臂从上方向内转动，以偏转对手针对缺盆的攻击

图 6.7 向前迈步趋近攻击者，为反击做准备

图 6.8 以掌根朝着攻击者的面部中线进行掌击

ST-9，人迎^⑧（译者注：【别名】天五会，五会。【穴义】胃经气血由此下传头以下的身体各部）。

特殊属性： 此穴是胃经、胆经和阴跷脉的交会穴，也是《白鹤拳论》列出的 36 个致命穴位之一。

位置： 位于颈动脉上方，在咽部，喉结外侧约 1.5 寸，左右各一个。

解剖学结构： 此处有甲状腺上动脉、颈前静脉、颈内静脉、颈动脉、颈横神经、面神经的颈支、交感干，以及舌下神经和迷走神经的升支等。

评注： 这是人体较脆弱的穴位之一，无论对手的体型和肌肉力量如何，该穴位都非常敏感。对该穴位的击打可能会致命，因为该区域结构薄弱。击打应以 90°角，朝向脊柱中心线方向进行。可以使用各种徒手技术对该穴位进行击打，如前臂击、手刀、拳击、踢击和肘击，都是有效的。

BL-1，睛明^⑨（译者注：【别名】目内眦，泪孔，泪腔。【穴义】膀胱经之血由此上注于目）。

特殊属性： 此穴是小肠经、膀胱经、胃经、阴跷脉和阳跷脉的交会点。

位置： 在眼角内侧约 0.1 寸处，左右各一个。

解剖学结构： 此处有内眦动、静脉及动眼神经和眼神经的分支。

评注： 朝头部的中心线方向，以略微向上的角度击打这个穴位。由于位置的关系，在战斗情况下击打这个穴位相对困难。对眼窝区域进行强力击打可能会刺激到此穴位，并可能会对眼睛造成伤害，还有可能破坏该区域的骨骼结构。

---

⑧埃利斯（Ellis）、怀斯曼（Wiseman）和博斯（Boss）的《握风：探究中医穴位名称的含义》（*Grasping the Wind: An Exploration into the Meaning of Chinese Acupuncture Point Names*），第 64 页。

⑨埃利斯（Ellis）、怀斯曼（Wiseman）和博斯（Boss）的《握风：探究中医穴位名称的含义》（*Grasping the Wind: An Exploration into the Meaning of Chinese Acupuncture Point Names*），第 143 页。

阳跷脉

阳跷脉起始于足少阳经的申脉（BL-62），沿着腿的外侧向上延伸，并且沿着腹部侧面上升，与胆经的居髎相交之后向上穿过肩膀的外侧。接着，阳跷脉跨过肩膀到达身体前部，沿着颈部向上，经过下颌，在睛明与阴跷脉相交。阳跷脉从此处沿着额头向上循行于头部，最后在风府进入脑部结束（图6.9）。[10]

阳跷脉是存在于身体双侧的，并通过控制腿部外侧的能量水平，对奇经八脉与十二经络之间的功能发挥作用。通过运用五行理论攻击主要经络，可以轻易地使腿部能量降低，所以阳跷脉对于武者的实战用途有限，但它与主要经络相交的一些穴位是很重要的攻击目标。

阳跷脉穴位阐释如下。

BL-62，申脉[11]（译者注：【别名】鬼路，阳跷。【穴义】膀胱经的上行气血在此化为金性之气）。

特殊属性：此穴是膀胱经和阳跷脉的交会穴，也是《白鹤拳论》中列出的36个致命穴位之一。

位置：位于外踝尖正下方的凹陷处，左右各一个。

解剖学结构：外踝动脉网和腓肠神经都位于此处。

评注：可以将此穴位与其他穴位一起作为目标，通过对下肢外侧进行低扫踢击来进行攻击。此外，一旦对手摔倒在地，你也可以对这个穴位进行踩踏攻击（图6.10、6.11）。其防御与反击的方法见图6.12、6.13。

---

⑩ 马乔恰（Maciocia）的《中医学基础》（*The Foundations of Chinese Medicine*），第363～364页。

⑪ 埃利斯（Ellis）、怀斯曼（Wiseman）和博斯（Boss）的《握风：探究中医穴位名称的含义》（*Grasping the Wind: An Exploration into the Meaning of Chinese Acupuncture Point Names*），第90页。

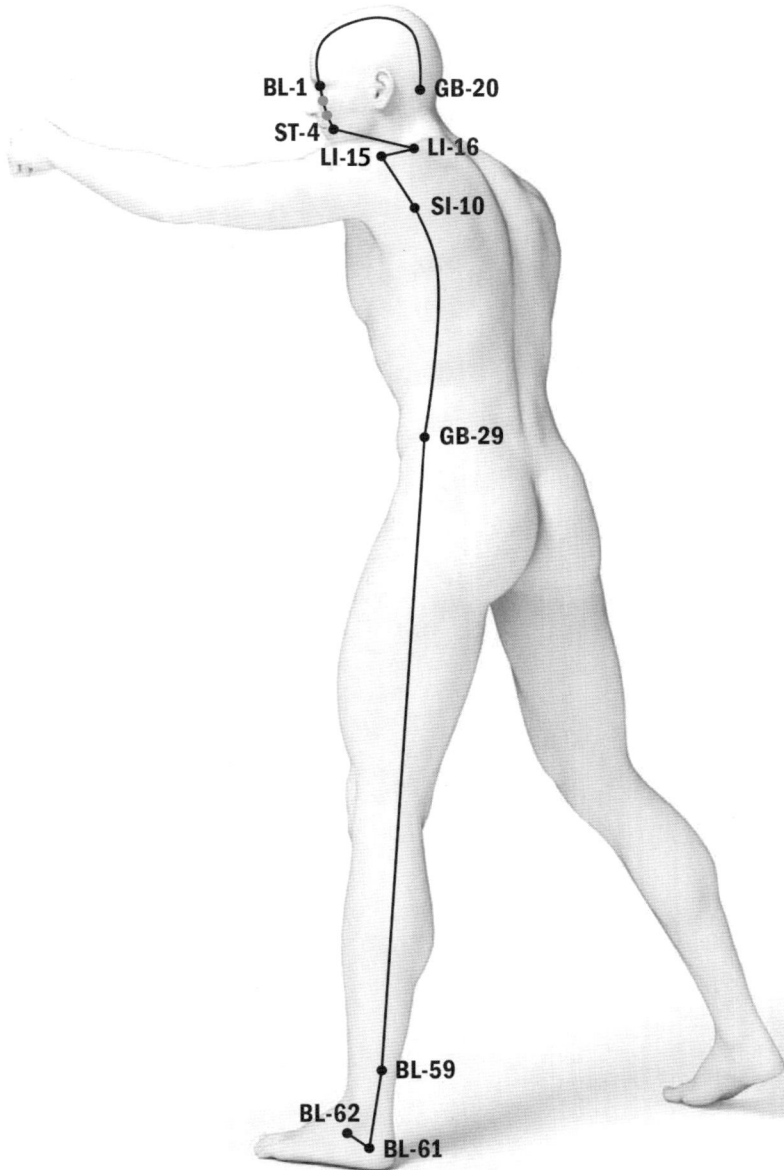

图 6.9 阳跷脉（GB-20—风池，BL-1—睛明，ST-4—地仓，LI-16—巨骨，LI-15—肩髃，SI-10—臑俞，GB-29—居髎，BL-59—跗阳，BL-61—仆参，BL-62—申脉）

BL-61，仆参^⑫（译者注：【别名】安邪，安邦。【穴义】膀胱经的水湿之气在此有少部分吸热上行）。

特殊属性： 存在于双足跟的穴位。

位置： 位于足外侧，跟骨外侧末端赤白肉际处，左右各一个。

解剖学结构： 腓动、静脉的跟外侧支和腓肠神经的跟外侧支都位于此处。

评注： 以与击打申脉相同的方法对此穴位进行击打。

BL-59，跗阳^⑬（译者注：【别名】付阳，附阳。【穴义】足少阳经、足阳明经的阳气在此带动足太阳经的气血上行）。

特殊属性： 此穴是阳跷脉的郄穴（郄，孔隙也，本穴的气血物质由足三阳经上行的阳气构成，气血之性同于阳跷脉，但是由于足太阳经上行至此的阳气偏于寒湿，在足少阳经、足阳明经上行的阳气的带动下本穴上行的阳气量仍较少，如从孔隙中输出一般，故其为阳跷脉郄穴）。

位置： 位于足外踝骨上方约3寸，并与飞扬和昆仑处于同一直线上，左右各一个。

解剖学结构： 小隐静脉、腓动脉的末梢分支和腓肠神经都位于此穴位处。

评注： 以与击打申脉相同的方法对此穴进行击打。

---

⑫ 埃利斯（Ellis）、怀斯曼（Wiseman）和博斯（Boss）的《握风：探究中医穴位名称的含义》（*Grasping the Wind: An Exploration into the Meaning of Chinese Acupuncture Point Names*），第189页。

⑬ 埃利斯（Ellis）、怀斯曼（Wiseman）和博斯（Boss）的《握风：探究中医穴位名称的含义》（*Grasping the Wind: An Exploration into the Meaning of Chinese Acupuncture Point Names*），第186页。

图 6.10 一旦处于对手身体外侧，可以使用低扫踢击来进攻脚踝处的多个穴位

图 6.11 使用此类型的踢击可以同时刺激此处多个穴位。同类的踢击对足内侧和小腿也很有效

图 6.12 当攻击者（右）向你的前腿实施低扫时，抬起被瞄准的那条腿，顺势踏入攻击者的身体中线

图 6.13 如果进攻者撤退，向他的关元区域施展强有力的后手直拳

GB-29，居髎[14]（译者注：【穴义】胆经气血在此围居并由本穴的地部孔隙注入地部）。

特殊属性：此穴是胆经和阳跷脉的交会穴。

位置：在髂骨上方凹陷处，章门下方约 8 寸处，左右各一个。

---

[14] 埃利斯（Ellis）、怀斯曼（Wiseman）和博斯（Boss）的《握风：探究中医穴位名称的含义》（*Grasping the Wind: An Exploration into the Meaning of Chinese Acupuncture Point Names*），第 277 页。

解剖学结构： 旋髂浅动脉、旋髂浅静脉的分支，旋股外侧动脉、旋股外侧静脉的上行分支以及股外侧皮神经都位于此穴位处。

评注： 击打这一穴位应以大约 30° 角瞄准身体的能量核心。击打此穴会导致髋部向对侧失衡蜷缩，从而破坏对手的平衡。

SI-10，臑俞 [15]（译者注：【穴义】小肠经手臂部循经上输的阳气在此聚集）。

特殊属性： 此穴是小肠经、阳维脉和阳跷脉的交会穴。

位置： 肩带部，腋后纹头直上，当手臂抬起时，位于肩胛下方的凹陷处，左右各一个。

解剖学结构： 肱动、静脉，肩胛上动、静脉，臂外侧皮神经，腋神经和肩胛上神经都位于此处。

评注： 此穴位在实际战斗中非常难打到。如果有机会攻击此处，应朝向身体中心处以 90° 直接进行击打。这是一个重要的穴位，因为它是主要的能量交会点，但除非占据对手背部所在的优势位置，否则难以形成有效击打。

LI-16，巨骨 [16]（译者注：【穴义】大肠经浊降之气在地部形成的巨大水域）。

特殊属性： 此穴是大肠经和阳跷脉的交会穴。

位置： 在肩膀顶部，锁骨肩峰端和肩胛冈之间的凹陷处，左右各一个。

解剖学结构： 颈静脉和肩胛上动、静脉，以及肩胛上神经都位于此处。

---

[15] 埃利斯（Ellis）、怀斯曼（Wiseman）和博斯（Boss）的《握风：探究中医穴位名称的含义》（*Grasping the Wind: An Exploration into the Meaning of Chinese Acupuncture Point Names*），第 135 页。

[16] 埃利斯（Ellis）、怀斯曼（Wiseman）和博斯（Boss）的《握风：探究中医穴位名称的含义》（*Grasping the Wind: An Exploration into the Meaning of Chinese Acupuncture Point Names*），第 51 页。

评注： 击打应向下进行，可能会导致被击打的肩膀脱臼。击打应有力，有可能造成锁骨断裂。

LI-15，肩髃[17]（译者注：【别名】中井骨，尚骨，肩尖。【穴义】大肠经经气中的浊重部分在此沉降并归于地部）。

特殊属性： 此穴是小肠经、大肠经和阳跷脉的交会穴。

位置： 当手臂抬起时，位于三角肌内侧头与肱骨大结节之间的凹陷处，左右各一个。

解剖学结构： 肩峰端下缘，肩峰与肱骨大结节之间，三角肌上部中央。

评注： 击打此穴位需要一定力度，应以与地面成 90° 的角度瞄准，直向下进行击打。有力的击打可以破坏目标肩关节的完整性。在对手即将被攻击的一侧手腕已经被控制住的情况下，对此穴位的击打效果最佳。

ST-4，地仓[18]（译者注：【别名】会维，胃维。【穴义】胃经地部经水在此聚散）。

特殊属性： 此穴是胃经、大肠经、任脉（根据某些资料）和阳跷脉的交会穴。

位置： 在口角的外侧旁开 0.4 寸处，左右各一个。

解剖学结构： 面动脉、面静脉，面神经、眶下神经和颊神经都位于此处。

评注： 应向上 45° 角瞄准头部中心击打。对该位置的击打可以损坏或击碎牙齿并造成脑震荡（图 6.14、6.15）。其防御与反击方法见图 6.16 ~ 6.19。

---

[17] 埃利斯（Ellis）、怀斯曼（Wiseman）和博斯（Boss）的《握风：探究中医穴位名称的含义》（*Grasping the Wind: An Exploration into the Meaning of Chinese Acupuncture Point Names*），第 50 页。

[18] 埃利斯（Ellis）、怀斯曼（Wiseman）和博斯（Boss）的《握风：探究中医穴位名称的含义》（*Grasping the Wind: An Exploration into the Meaning of Chinese Acupuncture Point Names*），第 59 页。

ST-3，巨髎[19]（译者注：【穴义】胃经浊气在此化雨冷降地部）。

特殊属性： 此穴是胃经、大肠经和阳跷脉的交会穴。

位置： 瞳孔直线向下，横平鼻翼下缘，左右各一个。

解剖学结构： 面动脉、面静脉和眶下动脉、眶下静脉的分支以及面神经和眶下神经的分支都位于此处。

评注： 应以与击打地仓相同的方法击打。

ST-1，承泣[20]（译者注：【别名】鼷穴，溪穴。【穴义】胃经的气血由本穴而出）。

特殊属性： 此穴是胃经、阳跷脉和任脉（根据某些资料）的交会穴。

位置： 眼球与眶下缘之间，瞳孔直下，左右各一个。

解剖学结构： 眶下动脉和眼动脉的分支，眶下神经、动眼神经和面神经的分支都位于此处。

评注： 应以向上 45° 角瞄准并朝向头部中心击打。有力地击打此穴位可以打断颧骨并对眼睛造成损伤。

图 6.14 在对手试图出拳后，用格挡拦截此拳，并欺近对手

图 6.15 用上勾拳攻击地仓，紧接着攻击其他几个穴位以干扰对手

[19] 埃利斯（Ellis）、怀斯曼（Wiseman）和博斯（Boss）的《握风：探究中医穴位名称的含义》（*Grasping the Wind: An Exploration into the Meaning of Chinese Acupuncture Point Names*），第 58 页。

[20] 埃利斯（Ellis）、怀斯曼（Wiseman）和博斯（Boss）的《握风：探究中医穴位名称的含义》（*Grasping the Wind: An Exploration into the Meaning of Chinese Acupuncture Point Names*），第 56 页。

图 6.16 当攻击者（右）试图发出上勾拳时，引导他的前臂向内偏转

图 6.17 向内旋转你的身体，直至你的前臂压制在对手手臂上方

图 6.18 绷紧你的前臂，为后续攻击做好准备

图 6.19 以肘尖向对手的喉咙、下颌或脸部发动攻击

BL-1，睛明 [21]（译者注：【别名】目内眦，泪孔，泪腔。【穴义】膀胱经之血由此上注于目）。

特殊属性：此穴是小肠经、膀胱经、胃经、阴跷脉和阳跷脉的交会点。

位置：在眼角内侧约 0.1 寸处，左右各一个。

解剖学结构：此处有内眦动、静脉及动眼神经和眼神经的分支。

评注：朝头部的中心线方向，以略微向上的角度击打这个穴位。由于位置的关系，在战斗情况下击打这个穴位相对困难。对眼窝区域进行强力击打可能会刺激到此穴位，并可能会对眼睛造成伤害，还有可能破坏该区域的骨骼结构。

GB-20，风池 [22]（译者注：【别名】热府。【穴义】胆经气血在此吸热后化为阳热风气）。

特殊属性：此穴是胆经、三焦经、阳维脉和阳跷脉的交会穴。

位置：枕骨之下，胸锁乳突肌上端与斜方肌上端之间的凹陷中，左右各一个。

解剖学结构：枕动、静脉和枕神经的分支都位于此处。

评注：本穴位对武者来说非常重要。对这个穴位的击打应该以朝向头部对侧 45° 角为方向（图 6.20、6.21）。当针对十二正经的五行弱点进行攻击时，此穴位削弱身体能量的能力将更加显著。对该穴位的击打可以轻易将对手击倒。反复有力地击打此穴可能导致对手死亡。其防御与反击的方法见图 6.22、6.23。

---

[21] 埃利斯（Ellis）、怀斯曼（Wiseman）和博斯（Boss）的《握风：探究中医穴位名称的含义》（ *Grasping the Wind: An Exploration into the Meaning of Chinese Acupuncture Point Names* ），第 143 页。

[22] 埃利斯（Ellis）、怀斯曼（Wiseman）和博斯（Boss）的《握风：探究中医穴位名称的含义》（ *Grasping the Wind: An Exploration into the Meaning of Chinese Acupuncture Point Names* ），第 268 页。

图 6.20　在对手试图出拳时，获得一个靠外侧的优势位置，同时准备对对手的风池发起攻击

图 6.21　因为对手处于战术上的弱势位置，你可以顺势对其风池进行多次击打

图 6.22　当攻击者（右）试图控制你的手臂时，将你的手臂内旋，从上方压制住他前探的手臂，并借此拉近与他之间的距离

图 6.23　用力向攻击者的下颏发出一记掌击

第七节　维脉

通晓维脉是开启捕手术进阶技术的关键。

——瑞克·莫尼梅克（Rick Moneymaker）

维脉在奇经八脉与十二正经的相互调节中发挥了重要的作用。任脉、督脉和冲脉负责产生、转化和储存能量，维脉的任务则是在十二正经之间传递能量。[①] 维脉通过与十二正经共享的一系列穴位来实现这一功能，而维脉本身并没有独立的穴位。阴维脉与阴属性的脏器相连，阳维脉与阳属性的脏器相连。[②] 阴维脉与阳维脉一同构成了维脉系统。

随着各脏器内部能量水平的变化，维脉负责根据需要来向各个脏器输送或从中提取能量。举例来说，假设肝脏的能量过亢，这种失衡可能导致许多与健康有关的问题，甚至成为多种疾病的直接病因。肝脏也可能因为被某些武术技巧击打后出现创伤，而处于这种能量过亢的状态。无论如何，肝脏的能量过亢，就意味着人体自身需要纠正这个问题，以使其保持正常的生理功能。肝脏是具有阴属性的脏器，肝经与阴维脉在期门相交，这是两者唯一的交会穴。在此穴，阴维脉将帮助肝经排出过剩的能量。能量将在阴维脉中流动，直到阴维脉与任脉（"人体电池"系统中的阴属性部分）在天突和廉泉相会，然后，能量将顺着任脉流动，直到会阴。能量将在会阴进入冲脉，并储存于"人体电池"中以供将来使用。现在思考一下与肝经相表里的经络——

---

① 马乔恰（Maciocia）的《中医学基础》（*The Foundations of Chinese Medicine*），第 364 ~ 365 页。
② 拉雷（Larre）和瓦尔（Vallee）的《奇经八脉》（*The Eight Extraordinary Meridians*），第 213 页。

胆经。胆经和肝经互为表里，形成以木属性为代表的关联系统。肝经是木属性的阴面，而胆经是木属性的阳面（五行理论将在第九节中详细讨论）。因此肝经中的过亢能量会因两经的交互方式而"溢出"到胆经，胆经的能量水平将高于正常水平，但低于受影响的肝经。阳维脉将从胆经中摄取肝经内过亢而溢出的额外能量。这些能量传输发生在阳维脉与胆经共享的多个交会穴中。这些能量将由阳维脉通过哑门和风府输送到督脉（"人体电池"系统的阳属性部分）。然后，过剩的能量将被输送到冲脉中以供将来使用。

反之，如果一个脏器的能量不足，情况也是如此。假设膀胱的能量不足，冲脉将从能量核心向督脉释放能量，督脉则将能量输送到哑门和风府，然后，能量将从此二穴转移到阳维脉，接着流向与膀胱经交会的穴位——金门。能量将由金门进入膀胱经以纠正其能量不足。额外的能量将通过任脉流向天突和廉泉，这是任脉与阴维脉交会的位置。能量一旦进入阴维脉，就会流向筑宾，此处是阴维脉与肾经交会的位置。肾经与膀胱经互为表里。膀胱经是水属性的阳面，肾经是水属性的阴面。能量将不停地在肾经流动，直到在其帮助下彻底纠正膀胱的低能量状态。此外，还有冲脉与肾经直接交会的横骨和幽门，通过这两个穴位可以快速调整水属性的经络（膀胱经和肾经）。

希望这些例子能帮助你理解维脉的功能。维脉是"人体电池"与十二正经之间的"中间人"。理解维脉如何工作对于理解身体如何纠正能量波动至关重要。对武者来说，理解维脉的功能亦是非常重要的。如果你能理解维脉的功能及它们与十二正经交会的位置，就可以将攻击目标定位在这些穴位，以"封锁"能量。通过"封锁"能量，你可以阻止或大大阻碍对手身体自动纠正能量不平衡的过程。这具有很重要的实战意义，该内容将在本书第十四节进行探讨。

阴维脉

阴维脉将"人体电池"与身体所有的阴属性脏器连接起来。[③] 对武者来说，理解阴维脉的功能是至关重要的，因为阴属性脏器是最敏感的器官。中医认为，阴属性脏器对生命的维持至关重要。与阳性相关的脏器有时被称为"腑"。大多数情况下，中医认为"腑中虚，为空腔脏器"，并且其重要性次于属阴的"脏"。表7.1 显示了具体的划分。

表 7.1 根据阴阳对器官进行划分

阴	阳
肾	膀胱
肝	胆
心	小肠
脾	胃
肺	大肠
心包	三焦

请注意阳属性相关的脏器，比如大、小肠，我们都知道，有的人因手术或外伤而失去这类器官的大部分组织，却依旧可以通过一些方式维持相对正常的生活及相对完整的脏器功能。结肠癌术后患者在失去大部分大肠的情况下，依然可以生存很多年，当然生活中会不方便。所有阳属性的脏器，几乎都有类似的情况。而对西医知识体系来说，唯一的例外是三焦。中医认为它是身体的一个器官，但在解剖学中没有与之对应的实体。三焦是一种能量过程，而不是一个器官，但由于

---

③ 拉雷（Larre）和瓦尔（Vallee）的《奇经八脉》（*The Eight Extraordinary Meridians*），第213页。

其与心包的交互作用，它依然被归为阳属性的腑。

现在注意具有阴属性的脏器，其中所有器官对人类的生命都至关重要。虽然现在西方医学已经发展到摘除脾脏后依然能维持人体生命活动的程度，但在传统中医学理论中，这难以实现。同样，一个人可以只保留一侧肺或一侧肾，但他不能脱离这些器官的功能而生存。心脏与众不同，是最重要的器官。阴属性脏器的重要性得到了西方医学的认同，也是从武术角度理解如何对人体发动有效进攻的关键。阴维脉的循行见图 7.1。

阴维脉穴位阐释如下。

KI-9，筑宾④（译者注：【穴义】足三阴经气血混合重组后的凉湿水气由此交于肾经）。

特殊属性：此穴位是肾经和阴维脉的交会穴，阴维脉郄穴。

位置：小腿后侧，内踝尖直上 5 寸，小腿肌肉下部的边缘，比目鱼肌与跟腱之间，左右各一个。

解剖学结构：此处存在胫动、静脉，腓肠内侧皮神经，小腿内侧皮神经和胫神经。

评注：此穴位可以与其他一些穴位一起被向小腿内侧的扫踢攻击到。另外，一旦对手倒地，也可以对此穴位进行踩踏。

SP-13，府舍⑤（译者注：【穴义】从腹上部下行的阴性水液由本穴内注脏腑）。

特殊属性：此穴位是脾经、肝经和阴维脉的交会穴。

位置：任脉曲骨旁开约3.5寸处，下腹部与大腿连接处（位于下腹，脐中下 4.3 寸），左右各一个。

---

④ 埃利斯（Ellis）、怀斯曼（Wiseman）和博斯（Boss）的《握风：探究中医穴位名称的含义》
（*Grasping the Wind: An Exploration into the Meaning of Chinese Acupuncture Point Names*），第 205 页。

⑤ 埃利斯（Ellis）、怀斯曼（Wiseman）和博斯（Boss）的《握风：探究中医穴位名称的含义》
（*Grasping the Wind: An Exploration into the Meaning of Chinese Acupuncture Point Names*），第 112 页。

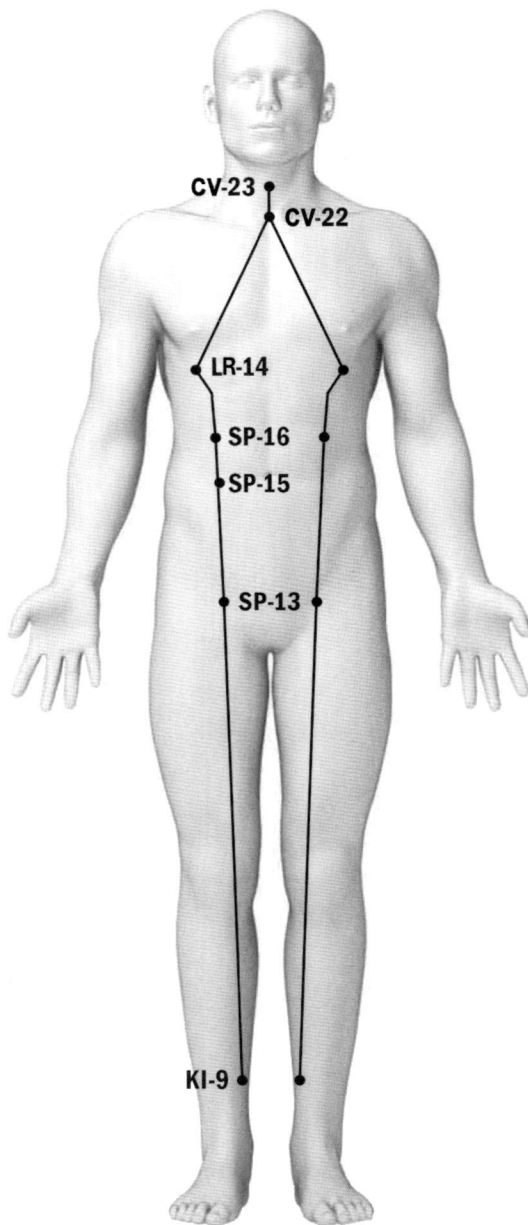

图 7.1 阴维脉（CV-23—廉泉，CV-22—天突，LR-14—期门，SP-16—腹哀，SP-15—大横，SP-13—府舍，KI-9—筑宾）

解剖学结构： 此处存在股动脉和髂腹股沟神经。

评注： 对这个穴位的攻击应该瞄准身体能量核心向下 45°。强力攻击此穴可以打断耻骨，给对手造成极大的痛苦。另外，股动脉也可能受到冲击。向下瞄准的重拳和针对此区域的直踢在实战情况下十分有效。

SP-15，大横^⑥（译者注：【别名】肾气，人横。【穴义】脾经气血在此形成水湿风气）。

特殊属性： 此穴是脾经和阴维脉的交会穴。

位置： 肚脐旁开约 4 寸处，左右各一个。

解剖学结构： 此处存在第 10 肋间动、静脉和神经。

评注： 攻击这个穴位应该朝着身体中心线，向下 45°。

SP-16，腹哀^⑦（译者注：【别名】肠哀，肠屈。【穴义】脾经水湿在此沉降）。

特殊属性： 此穴是脾经和阴维脉的交会穴。

位置： 大横上方约 3 寸处，脐中上 3 寸，前正中线旁开 4 寸，左右各一个。

解剖学结构： 此处存在第 8 肋间动、静脉和神经。

评注： 攻击方法同攻击大横的方法。

LR-14，期门^⑧（译者注：【别名】肝募。【穴义】天之中部的

---

⑥ 埃利斯（Ellis）、怀斯曼（Wiseman）和博斯（Boss）的《握风：探究中医穴位名称的含义》（*Grasping the Wind: An Exploration into the Meaning of Chinese Acupuncture Point Names*），第 113 页。
⑦ 埃利斯（Ellis）、怀斯曼（Wiseman）和博斯（Boss）的《握风：探究中医穴位名称的含义》（*Grasping the Wind: An Exploration into the Meaning of Chinese Acupuncture Point Names*），第 114 页。
⑧ 埃利斯（Ellis）、怀斯曼（Wiseman）和博斯（Boss）的《握风：探究中医穴位名称的含义》（*Grasping the Wind: An Exploration into the Meaning of Chinese Acupuncture Point Names*），第 302 页。

水湿之气由此输入肝经）。

特殊属性：此穴是肝经、脾经和阴维脉的交会穴，也是肝的募穴。

位置：在乳头中心下方两肋处（前胸部，第 6 肋间，前正中线旁开 4 寸，女性在锁骨中线与第 6 肋间隙交点处），左右各一个。

解剖学结构：此处存在第 6 肋间动、静脉和神经。

评注：这个穴位对武者来说有重要价值。对这个穴位的攻击应朝着身体中心线向下 45°。强力击打此穴可以使肝脏受到冲击或直接损害肝脏，身体的能量核心也可能会中断供能。对这个位置进行攻击的额外效果是对阴维脉与肝经的敏感交会点造成严重的影响，还可以抑制人体纠正肝脏能量失衡（特别是由武术技术攻击造成的能量失衡）的能力。

CV-22，天突[9]（译者注：【别名】玉户，天瞿。【穴义】任脉气血在此吸热后突行上天）。

特殊属性：此穴是阴维脉和任脉的交会穴，在《白鹤拳论》中被列为 36 个致命穴位之一。

位置：位于身体前正中线上，胸骨上切迹中央的马蹄状缺口处。

解剖学结构：颈静脉弓和甲状腺下动脉的一支在浅层，气管在更深的位置，胸骨的后侧为无名静脉和主动脉弓。

评注：这个穴位对武者尤为重要，因为它是阴维脉和任脉的交会穴。这两个经脉之间的相互关系将在本书后面详细讲解。此外，胸骨上切迹是一个绝妙的袭击点，适合在与对手距离极近的情况下，视线受阻时使用。

---

[9] 埃利斯（Ellis）、怀斯曼（Wiseman）和博斯（Boss）的《握风：探究中医穴位名称的含义》（*Grasping the Wind: An Exploration into the Meaning of Chinese Acupuncture Point Names*），第 324 页。

CV-23，廉泉 ⑩（译者注:【别名】本池, 舌本, 结本。【穴义】任脉气血在此冷缩而降）。

特殊属性： 一些中医书籍称该穴位为阴维脉和任脉的交会穴。

位置： 在喉咙正中线上，略高于喉结。

解剖学结构： 颈前浅静脉、颈皮神经的分支、舌下神经和舌咽神经的分支都存在于此。

评注： 击打此穴应直接向内或稍微向上，以破坏喉结的结构，并干扰头部的能量流动。一般来说，任何攻击喉部的动作都会激活许多敏感的穴位，这个部位本就是人体的弱点。

阳维脉

阳维脉将"人体电池"与人体所有的阳属性脏器连接起来。⑪ 这种连接发生在阳维脉与各阳属性的腑经所共有的穴位上。阳维脉在这些腑经的循行轨迹上至少有一个穴位与之相连接。它与胆经在 10 个交会穴上相连接（图 7.2）。在中医学中，胆经作为"身体的管理者"被极度重视的部分原因是它在矫正能量失衡中具有重要作用。胆经循行于身体外表面，因此这个经络具备迅速纠正身体外部因各种碰撞、冲击引起的能量失衡的能力。

作为一名武者，你可能曾经见到过某种攻击胆经或其穴位的技术。我观察到的第一种类似技术是对风池的攻击。当时我正在佐治亚州亚特兰大参加一个研讨会，教练和一名参会者演示了对此穴位的攻击，一击即倒。与所造成的结果形成鲜明对比的是，演示时攻击技术施力相当轻。这个受击者倒地，在不到 1 分钟的时间里又重新站了起

---

⑩ 埃利斯（Ellis）、怀斯曼（Wiseman）和博斯（Boss）的《握风：探究中医穴位名称的含义》

（ *Grasping the Wind: An Exploration into the Meaning of Chinese Acupuncture Point Names* ），第 325 页。

⑪ 拉雷（Larre）和瓦尔（Vallee）的《奇经八脉》（ *The Eight Extraordinary Meridians* ），第 213 页。

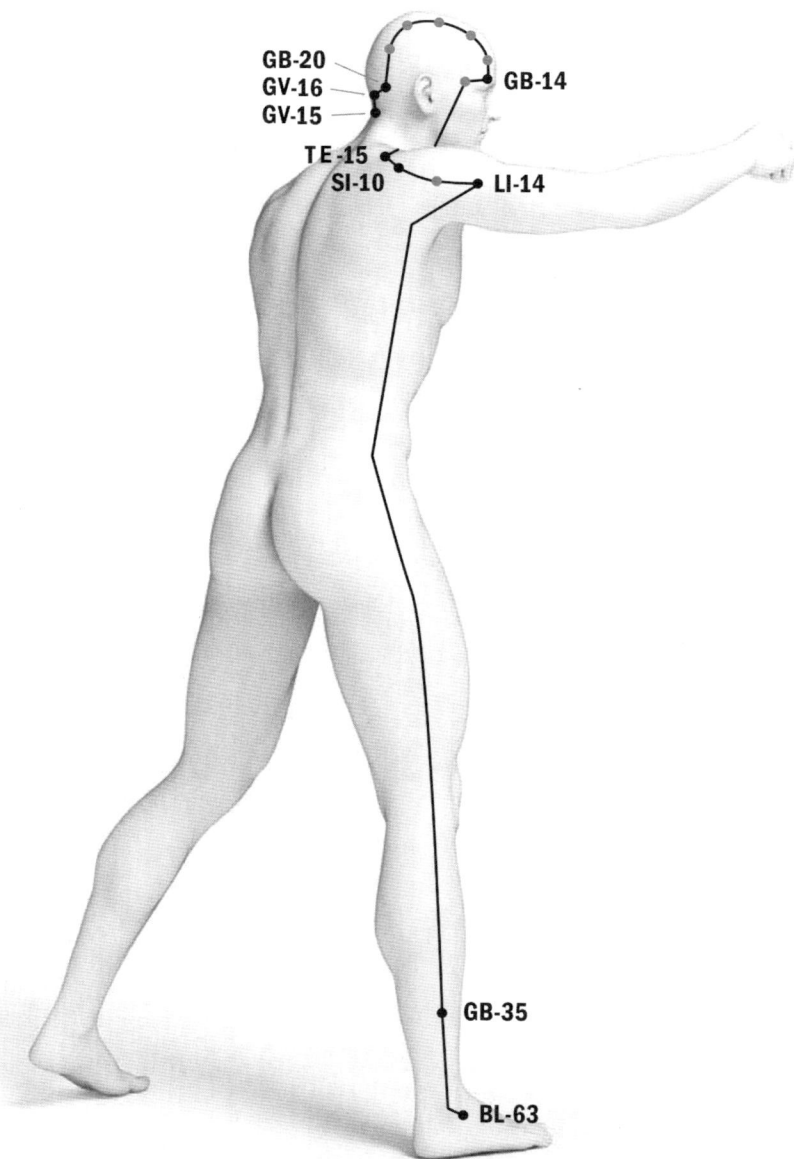

图 7.2　阳维脉（GV-15—哑门，GV-16—风府，GB-20—风池，GB-14—阳白，TE-15—天髎，SI-10—臑俞，LI-14—臂臑，GB-35—阳交，BL-63—金门）

来，显然这段经历并没有对他造成更糟的影响。他快速恢复的一个原因是，教练只打了他的风池，身体可利用与阳维脉的许多交会穴来矫正能量失衡。我曾经见到过许多这样的击倒和震慑技术示例，每一个被击打胆经穴位的个体都会迅速恢复。我花了几年的时间，深入研究传统中医，才明白其中的原因。

阳维脉穴位阐释如下。

BL-63，金门[12]（译者注：【别名】关梁，梁关。【穴义】膀胱经气血在此变为温热之性）。

特殊属性：此穴位是膀胱经和阳维脉的交会穴，膀胱经郄穴。

位置：外踝骨中点前方稍微偏前的地方（足背，外踝前缘直下，第5跖骨粗隆后方，骰骨下缘凹陷中），左右各一个。

解剖学结构：此处存在的是足底外侧动、静脉，足背外侧皮神经及足底外侧神经。

评注：这个穴位连同其他一些穴位可以用低扫腿的方式一起攻击到。此外，一旦对手平躺在地面上，你可以直接踩踏这个穴位。

GB-35，阳交[13]（译者注：【别名】别阳，足髎。【穴义】胆经吸热上行的天部阳气在此交会）。

特殊属性：此穴位是胆经和阳维脉的交会穴，阳维脉的郄穴。

位置：小腿外侧，外踝尖上7寸，与外丘和飞扬在同一水平线上，左右各一个。

解剖学结构：此处存在的是腓动脉和腓静脉的分支，以及腓肠外侧皮神经。

评注：攻击方法同攻击金门的方法。

---

[12] 埃利斯（Ellis）、怀斯曼（Wiseman）和博斯（Boss）的《握风：探究中医穴位名称的含义》（*Grasping the Wind: An Exploration into the Meaning of Chinese Acupuncture Point Names*），第191页。

[13] 埃利斯（Ellis）、怀斯曼（Wiseman）和博斯（Boss）的《握风：探究中医穴位名称的含义》（*Grasping the Wind: An Exploration into the Meaning of Chinese Acupuncture Point Names*），第281页。

LI-14，臂臑[14]（译者注：【别名】头冲，颈冲。【穴义】手阳明经之阳气交汇于此）。

特殊属性：此穴位是大肠经和阳维脉的交会穴。

位置：臂外侧，曲池上 7 寸，三角肌前缘处，左右各一个。

解剖学结构：此处存在的是肱动、静脉的分支，肱深动、静脉，臂外侧皮神经和桡神经。

评注：攻击这个穴位可能会对肩关节造成伤害。如果能够控制对手的手腕，效果最好。从能量角度看，它是一个很好的目标，因为有 3 条经络在此交会。

TE-13，臑会[15]（译者注：【别名】臑窌，臑交。【穴义】手阳明经、手少阳经的天部阳气同会于本穴）。

特殊属性：此穴位是三焦经和阳维脉的交会穴。

位置：在三角肌后缘，肩峰角下 3 寸，左右各一个。

解剖学结构：此处存在的是肱深动、静脉，臂外侧皮神经和桡神经。

评注：攻击方法同攻击臂臑的方法。

SI-10，臑俞[16]（译者注：【穴义】小肠经手臂部循经上输的阳气在此聚集）。

特殊属性：此穴是小肠经、阳维脉和阳跷脉的交会穴。

位置：肩带部，腋后纹头直上，当手臂抬起时，位于肩胛下方的

[14] 埃利斯（Ellis）、怀斯曼（Wiseman）和博斯（Boss）的《握风：探究中医穴位名称的含义》（ *Grasping the Wind: An Exploration into the Meaning of Chinese Acupuncture Point Names* ），第 49 页。

[15] 埃利斯（Ellis）、怀斯曼（Wiseman）和博斯（Boss）的《握风：探究中医穴位名称的含义》（ *Grasping the Wind: An Exploration into the Meaning of Chinese Acupuncture Point Names* ），第 242 页。

[16] 埃利斯（Ellis）、怀斯曼（Wiseman）和博斯（Boss）的《握风：探究中医穴位名称的含义》（ *Grasping the Wind: An Exploration into the Meaning of Chinese Acupuncture Point Names* ），第 135 页。

凹陷处，左右各一个。

解剖学结构：肱动、静脉，肩胛上动、静脉，臂外侧皮神经，腋神经和肩胛上神经都位于此处。

评注：此穴位在实际战斗中非常难打到。如果有机会攻击此处，应朝向身体中心处以 90° 角直接进行击打。这是一个重要的穴位，因为它是主要的能量交汇点，但除非占据对手背部所在的优势位置，否则难以形成有效击打。

TE-15，天髎[17]（译者注：【穴义】三焦经吸热上行的水气在此散热冷降）。

特殊属性：此穴位是三焦经和阳维脉的交会穴。

位置：在背部，距肩井约 2 寸（在肩胛区，肩胛骨上角上缘凹陷中，正坐垂肩，肩井与曲垣连线的中点），左右各一个。

解剖学结构：此处存在颈横动脉的下行分支、肩胛上动脉的一个分支、副神经、肩胛上神经的一个分支。

评注：应以 45° 角向腹部的能量核心进行强有力的攻击。

GB-21，肩井[18]（译者注：【别名】肩解，膊井。【穴义】胆经的地部水液由此流入）。

特殊属性：此穴位是胆经、三焦经、胃经和阳维脉的交会穴。

位置：位于大椎和巨骨中间，肩部最高点上，左右各一个。

解剖学结构：此处有颈横动、静脉，锁骨上神经的一个分支和副神经。

评注：此穴应向下，向腹部的能量核心击打。

---

[17] 埃利斯（Ellis）、怀斯曼（Wiseman）和博斯（Boss）的《握风：探究中医穴位名称的含义》（*Grasping the Wind: An Exploration into the Meaning of Chinese Acupuncture Point Names*），第 243 页。

[18] 埃利斯（Ellis）、怀斯曼（Wiseman）和博斯（Boss）的《握风：探究中医穴位名称的含义》（*Grasping the Wind: An Exploration into the Meaning of Chinese Acupuncture Point Names*），第 269 页。

ST-8，头维[19]（译者注：【别名】颡大。【穴义】胃经上行的清气由本穴分送头之各部）。

特殊属性：此穴位是胃经、胆经和阳维脉的交会穴。

位置：额角发迹直上 0.5 寸，头正中线旁开 4.5 寸处，左右各一个。

解剖学结构：此处有颞浅动、静脉，耳颞神经和面神经的分支。

评注：攻击应以斜向下 45° 角瞄准头部中心进行。

GB-13，本神[20]（译者注：【穴义】头之天部的冷凝水湿在此汇合后循胆经传输）。

特殊属性：此穴位是胆经和阳维脉的交会穴。

位置：在头部，前发际上 0.5 寸，前正中线旁开 3 寸（神庭与头维弧形连线的内 2/3 与外 1/3 的交点处），左右各一个。

解剖学结构：此处有颞浅动、静脉，滑车上动、静脉的侧支，以及额神经的一个分支。

评注：应以斜向下 45° 角瞄准头部中心进行击打。

GB-14，阳白[21]（译者注：【穴义】胆经的湿冷水气在此吸热后胀散）。

特殊属性：此穴位是胆经、大肠经、胃经和阳维脉的交会穴。

位置：头部，眉上 1 寸，瞳孔直上，左右各一个。

解剖学结构：此处有滑车上动、静脉及额神经的分支。

评注：攻击方法同击打本神（GB-13）的方法。

---

[19] 埃利斯（Ellis）、怀斯曼（Wiseman）和博斯（Boss）的《握风：探究中医穴位名称的含义》（*Grasping the Wind: An Exploration into the Meaning of Chinese Acupuncture Point Names*），第 263 页。

[20] 埃利斯（Ellis）、怀斯曼（Wiseman）和博斯（Boss）的《握风：探究中医穴位名称的含义》（*Grasping the Wind: An Exploration into the Meaning of Chinese Acupuncture Point Names*），第 262 页。

[21] 埃利斯（Ellis）、怀斯曼（Wiseman）和博斯（Boss）的《握风：探究中医穴位名称的含义》（*Grasping the Wind: An Exploration into the Meaning of Chinese Acupuncture Point Names*），第 263 页。

GB-15，头临泣 [22]（译者注：【别名】临池。【穴义】胆经经气在此冷降为寒湿水气并由天部降落地部）。

特殊属性：此穴位是胆经、膀胱经和阳维脉的交会穴。

位置：在头部，前发际上 0.5 寸，瞳孔直上（两目平视，瞳孔直上，正当神庭与头维弧形连线的中点处），左右各一个。

解剖学结构：此处有滑车上动、静脉及额神经的分支。

评注：击打方法同击打本神的方法。

GB-16，目窗 [23]（译者注：【别名】至荣，至宫。【穴义】胆经气血在此吸热后化为阳热风气）。

特殊属性：此穴位是胆经和阳维脉的交会穴。

位置：头部，前发际上 1.5 寸，瞳孔直上（头临泣直上 1 寸处），左右各一个。

解剖学结构：此处有颞浅动、静脉，以及额神经和中间神经的分支。

评注：击打方法同击打本神的方法。

GB-17，正营 [24]（译者注：【穴义】胆经的阳热风气在此散热缩合）。

特殊属性：此穴位是胆经和阳维脉的交会穴。

位置：头部，前发际上 2.5 寸，瞳孔直上（头临泣直上 2 寸处）。

解剖学结构：此处有颞浅动、静脉，枕动、静脉的分支，以及额

---

[22] 埃利斯（Ellis）、怀斯曼（Wiseman）和博斯（Boss）的《握风：探究中医穴位名称的含义》（*Grasping the Wind: An Exploration into the Meaning of Chinese Acupuncture Point Names*），第 264 页。

[23] 埃利斯（Ellis）、怀斯曼（Wiseman）和博斯（Boss）的《握风：探究中医穴位名称的含义》（*Grasping the Wind: An Exploration into the Meaning of Chinese Acupuncture Point Names*），第 265 页。

[24] 埃利斯（Ellis）、怀斯曼（Wiseman）和博斯（Boss）的《握风：探究中医穴位名称的含义》（*Grasping the Wind: An Exploration into the Meaning of Chinese Acupuncture Point Names*），第 266 页。

神经和枕大神经的分支。

评注：应朝向头部的中心击打。

GB-18，承灵 ㉕（译者注：【穴义】头之天部的寒湿水气由此汇入胆经）。

特殊属性：此穴位是胆经和阳维脉的交会穴。

位置：头部，前发际上 4 寸，瞳孔直上（正营后 1.5 寸处，横平通天），左右各一个。

解剖学结构：此处有枕动、静脉及枕大神经的一个分支。

评注：击打方法同击打正营的方法。

GB-19，脑空 ㉖（译者注：【别名】颞颥。【穴义】胆经经气在此冷降归地，天部气血呈空虚之状）。

特殊属性：此穴位是胆经和阳维脉的交会穴。

位置：头部，横平枕外隆凸的上缘，风池直上（横平脑户、玉枕），左右各一个。

解剖学结构：此处有枕动、静脉及枕大神经的一个分支。

评注：击打方法同击打风池的方法。

GV-15，哑门 ㉘（译者注：【别名】舌厌，横舌。【穴义】督脉阳气在此散热冷缩）。

㉕ 埃利斯（Ellis）、怀斯曼（Wiseman）和博斯（Boss）的《握风：探究中医穴位名称的含义》（Grasping the Wind: An Exploration into the Meaning of Chinese Acupuncture Point Names），第 267 页。
㉖ 埃利斯（Ellis）、怀斯曼（Wiseman）和博斯（Boss）的《握风：探究中医穴位名称的含义》（Grasping the Wind: An Exploration into the Meaning of Chinese Acupuncture Point Names），第 267 页。
㉗ 埃利斯（Ellis）、怀斯曼（Wiseman）和博斯（Boss）的《握风：探究中医穴位名称的含义》（Grasping the Wind: An Exploration into the Meaning of Chinese Acupuncture Point Names），第 268 页。
㉘ 埃利斯（Ellis）、怀斯曼（Wiseman）和博斯（Boss）的《握风：探究中医穴位名称的含义》（Grasping the Wind: An Exploration into the Meaning of Chinese Acupuncture Point Names），第 339 页。

特殊属性： 此穴是阳维脉和督脉的交会穴。

位置： 后发际正中直上约 0.5 寸处，此穴位标志着督脉从背部离开并向上延伸到头部。

解剖学结构： 枕动、静脉的分支及第 3 枕神经均在此处。

评注： 此穴位对武者非常重要。击打这个穴位应该以向上大约 30° 角为方向。这个穴位位于头骨和脊柱的连接处，骨性结构非常脆弱。击打这个穴位可能直接导致死亡。

GV-16，风府[29]（译者注：【别名】舌本，鬼穴。【穴义】督脉之气在此吸湿化风）。

特殊属性： 此穴是阳维脉和督脉的交点，也是《白鹤拳论》中列出的 36 个致命穴位之一。

位置： 哑门上方约 0.5 寸。

解剖学结构： 枕动脉的一个分支以及第 3 枕神经和枕大神经的分支均在此处。

评注： 因为与哑门非常接近，击打其中一个穴位通常会同时影响到另一个穴位，所以这个穴位对武者来说非常重要。击打方法与击打哑门的方法相同（图 3.12、3.13）。其防御与反击的方法见图 3.14 ~ 3.16。

---

[29] 埃利斯（Ellis）、怀斯曼（Wiseman）和博斯（Boss）的《握风：探究中医穴位名称的含义》（*Grasping the Wind: An Exploration into the Meaning of Chinese Acupuncture Point Names*），第 340 页。

第二章

法则、理论、概念及相互影响

第八节　阴阳之法

> 与池塘中的青蛙相比
>
> 荷梗是高大的；
>
> 与珠穆朗玛峰的神灵相比
>
> 象是渺小的。
>
> ——道家诗歌（译者注：这首诗由英国诗人罗伯特·格雷夫斯（Robert Graves）所作，收录在他 1958 年出版的《白女神》（*The White Goddess*）一书中，这首诗是格雷夫斯对《道德经》第六十三章的理解，试图表达万物相对的观念。）

　　阴阳（图 8.1）是传统中医的基础概念，它描述了古代中国人对两种对立能量的理解。这两种能量（阴和阳），彼此对立，但结合时则产生和谐的交互作用。将阴和阳视为"互补的对立面"会更容易理解。没有其中一者，另一者就不能存在。它们是相对的，但又互补。阴阳被视为描绘变化而非静态现实的普遍过程的象征性表示。[1] 它也用于阐述各种过程的不同方面。这种理论有时会使武者感到困惑。[2] 是的，我们都见过和武术相关的阴阳符号，但很少有武者详细研究过这个概念。阴阳是东方武术的根源，理解它是深入研究武术科学的先决条件。

---

[1] 贝恩菲尔德（Beinfield）和科恩戈尔德（Korngold）的《天人合一》（*Between Heaven and Earth*），第 50 页。

[2] 贝恩菲尔德（Beinfield）和科恩戈尔德（Korngold）的《天人合一》（*Between Heaven and Earth*），第 50 页。

图 8.1 阴阳符号

阴阳用于描述成对事物之间的多种属性，而且自然界中的任何事物都不能脱离其对立事物而独立存在。③ 我将用下面这些事物来举例说明：没有白天就没有黑夜，没有右就没有左，没有硬就没有软，没有东就没有西，没有扩张就没有收缩，没有休息就没有活动……这类例子数不胜数。思考一下，你自己可以举出多少类似的例子。通过这些例子，阴阳互补对立的概念就能很迅速地在头脑中显现出来。

阴阳甚至可以在事物内部扩展，这意味着在此概念中没有绝对。以白天为例，它与阳相关，白天对应的是夜晚，与阴相关。随着太阳在白天穿过天空，会产生阴影。与接收充足阳光的区域相比，阴影属阴，阴影是阳中之阴。在夜晚，月光投射到地球表面，这种月光照射的区域与黑暗的阴影区域相比被视为阳，它是阴中之阳。随着太阳和月亮在天空中的移动，对应的光照和阴影区域会融合与交替。这代表了阴阳的周期性特质。所有的自然事件，包括人体内部的交互作用，都是周期性的，都包含对立互补的统一性，这就是东方思维中的阴阳。④

阴阳在最基本的层面上，是一种简单的比较。道家哲学并不将原因和结果分开而论，而是认为一切都处在不断的变化之中。白天并不是由夜晚造成的，二者只是在循环。冬天并不是由夏天造成的，但两者在季

---

③ 莫尼梅克（Moneymaker）的《捕手术参考手册》（*Torite-Jutsu Reference Manual*），第 12 页。

④ 朴福南（Park Bok Nam）和米勒（Miller）的《八卦掌基础·卷一》（*The Fundamentals of Pa Kua Chang Volume One*），第 35 ~ 38 页。八卦掌，是一种具体使用传统中医相关原理的中国内家拳。它是一种出色的武术种类，运用了本书中概述的许多概念。

节循环中更替。先有鸡还是先有蛋的问题，被看作同一个不可分割的过程中不同状态的代表。鸡下蛋，这在中国人看来是"阳鸡"生"阴蛋"。同样，蛋孵出鸡，代表着阴生阳。鸡到蛋或蛋到鸡的过程是相互支持的。这是阴阳理论互补方面的一个例子。一个事物不会脱离另一个而独立存在。蛋这个事物本身也可以通过这个理论来审视。蛋壳被视为阳，因为它坚硬并有保护作用。蛋清和蛋黄被视为阴，与蛋壳相比，它们柔软且敏感。再细分，更接近液态的蛋清被视为阴，半固态的蛋黄被视为阳。阴阳只是一种比较的方式，这应该是人们能够轻易理解的概念。

阴阳理论在人体中的应用

中国人将他们对阴阳的理解应用到了人体，以及自然的方方面面。这对武者来说是一个极其重要的概念，是理解传统中医更高级部分的重要前提。理解阴阳模型中提出的概念，如周而复始、对立统一、持续变化等，对于理解人体的能量系统如何运作非常重要。传统中医使用阴阳来表示身体的各种器官和内脏。这个概念被用来定义特性和能量属性，这些特性和能量属性是建立在相互对应的基础之上的。表8.1 展示了脏腑的阴阳属性。

表 8.1 脏腑的阴阳比较

阴	阳
脏	腑
心	小肠
心包	三焦
肺	大肠
肝	胆
脾	胃
肾	膀胱

　　请记住，阴阳理论将这些配对视为对立与统一的综合体现。它们并不是敌对的，而是相互支持的。在每一组配对的内部，双方都在尽力维持自身与其对应经脉之间的能量平衡。它们互相协助，保持一个能量和谐的状态。在这个状态中，每一对都作为一个整体来供给、控制和平衡能量系统。从格斗角度来说，弄清这些关系，我们就能知道如何打乱这种平衡，从而导致对手体内和谐的能量系统崩溃。破坏对手的能量系统即武者的目标。

　　从实战的角度来说，我们的目的是给对手带来更多的麻烦。如果你理解了一个位于阳性经脉上的既定攻击穴位，便能决定攻击哪一个阴性经脉上的穴位会对人体的能量平衡产生负面影响。腕部是展示这一理念的绝佳区域。手掌、手腕及手臂的外侧被视为阳，与之对应的是各部位较柔软的内侧被视为阴（表 8.2）。在简单的抓腕技术中，我们通常会同时连接阴阳穴位。阳经与阳性能量相关，阴经与阴性能量相关。想想当你将一个电路上的负极与正极连接时会发生什么。类似短路所产生的火花也象征了在这样的技术中身体能量发生的情况。⑤ 这种连接在阴阳经络中会造成能量失衡。

表 8.2　阴阳与身体结构对应表

阴	阳
里	表
前	后
腹部	背部
躯干	头部
内脏	肌肉
内侧（译者注：距离身体中线较近）	外侧（译者注：距离身体中线较远）
脏	腑

⑤ 莫尼梅克（Moneymaker）的《捕手术参考手册》（*Torite-Jutsu Reference Manual*），第 12 ～ 17 页。关于手腕的阴阳连接的示例来自此书。大部分的传统中医书并未涵盖这一科学的武术应用。此手册是少数从武术视角描述传统中医法则、理论和概念效应的资料。

除了十二正经的阴阳关系，中国人还使用同样的模型来描述身体的结构。很显然，身体的表面被视为阳，与身体里面的阴属性相对。背部和身体后方部分被视为阳，与属阴的腹部和身体前方部分相对。腑这类空腔器官被视为阳，与此相对，实质性的脏被视为阴。阴属性的脏器同时也有阳属性的外表和阴属性的内里。在这个概念中，也可以进一步推论出阳性的腑自身同时具有阴和阳的特质。这些比较包含了人体解剖的每一个方面。阴阳概念并无任何玄幻之处，它仅仅是一项事物与另一项事物特质的比较，或一项事物自身的特质的对比。

阴阳运动变化

就像人体可以用阴阳模型来描述一样，移动与动作也可以。它可以用来描述特定的武术技巧，以及由这些技巧引发的各种结构力学。使对手的肩膀向前翻滚的攻击效果，或使对手处于类似胎儿蜷缩的站姿的攻击效果被称为阴性反应（图8.2）。使对手站立起来，将他们的手臂向上抛出的攻击效果被称为阳性反应（图8.3）。[6]这与向身体注入阴或阳的能量无关，只是对两个体态进行了简单比较。

与向着对手移动的技术相比，向反方向移动的技巧被视为阴性。向前的移动与阳相关，向后的移动与阴相关。这只是两者之间的比较，这些术语并没有什么神秘或神奇之处。当你听到它们时，不要感到困惑。

这些术语经常在穴位研讨会和课堂上使用。它们有时可能给学生带来困惑。教学时应该用学生能理解的术语，而不是用让人迷惑的术语。本书努力以一种让人容易理解的方式来解释传统中医是如何应用于武术的。当然，有些资料来自我们日常接触的概念之外，因此可能需要额外的解释。

---

[6] 根据中国人的观点，没有所谓的阴能量或阳能量，只有能量，而在能量的流动（昼夜循环）中，它具有阴和阳的特性。

图 8.2　阴性反应

图 8.3　阳性反应

第九节 五行理论

天有四时五行，以生长收藏，以生寒暑燥湿风。

——《素问》

我们现在将更深入地探讨奇经八脉与十二正经之间的相互作用。希望前面的章节已经让你对奇经八脉有了一定的了解。如果你对上述内容还感到有些困惑，请花时间再次阅读前面的章节。此外，你还需要对五行和阴阳理论在中医学中的应用有一个深刻的理解。本节会简述五行理论的基础知识，但不会详细解析五行在武术应用中的相互作用。

五行理论是中医学的基石之一，它是阴阳理论的延伸。我们先来假设读者对阴阳理论已有一个深刻的理解，即了解了世间万物在这种基本逻辑上的对比方式。在发展传统中医学的过程中，中国人观察到了人体内部的相互作用。根据资料记载，这一学科的发展已经持续了近五千年。他们根据中国的传统和一定的逻辑，将五行应用于经络和器官的分类，使这些相互作用的关系变得更加简洁易懂。古代中国人将五行的五种元素命名为木、火、土、金和水。他们将木属性对应于肝脏时，并不是说这个器官是由木头构成的。他们的意图是暗示肝脏与其他器官的相互作用在传统和逻辑中表现为"木"的特性。随着中医学的不断发展，其他元素的相互作用也被应用于他们对五行运作模型的理解中。

根据道家哲学，五行的运行包含两个循环，即相生与相克。"相生"这个专业术语对普通人来说很容易理解。它也可以被看作五行元素进行滋养的循环，但在本书中将使用更常用的术语。而与相生循环对应的"相克循环"可能会让西方人的思维集中在这个词的贬义方面。所以使用"control（控制）"这个词更适合这个过程，而不是把"相克"直译为"destruction（破坏）"。与滋养（相生）循环相对的术语应该是"控制（相克）循环"，而不是"破坏循环"，这可以让西方人更容易理解二者之间的相互作用。

相生循环说明：水属性滋养木属性，想象雨水滋养树木；木属性滋养火属性，想象将木柴放入火中；火属性滋养土属性，想象火的灰烬与土壤混合；土属性滋养金属性，想象土壤中发掘出不同的金属；金属性滋养水属性，如在炎热的天气金属容器的一侧会凝结水汽。这完成了相生或滋养角度的相互作用的循环。[1] 这个循环在图 9.1 中有所体现。

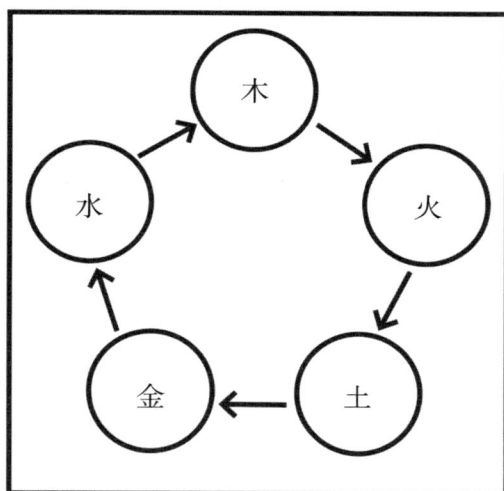

图 9.1 五行相生循环

[1] 莫尼梅克（Moneymaker）的《捕手术参考手册》（*Torite-Jutsu Reference Manual*），第 23 ~ 33 页；朴福南（Park Bok Nam）和米勒（Miller）的《八卦掌基础》（*The Fundamentals of Pa Kua Chang Volume One*），第 53 ~ 56 页；杨俊敏（Jwing-Ming Yang）的《中国气功根源》（*The Root of Chinese Chi Kung*），第 197 ~ 198 页，杨俊敏在他的书中阐述了另一种循环理论，即衰减周期，但多是从传统中医的治疗角度阐述的。

相克循环是相生循环的对立面。中国传统观念坚定地认为，在一个系统内所有元素必须保持平衡，才能使一切正常运转。如果身体的所有器官都处于持续相生（滋养）的状态，身体将完全失去平衡。相克循环解释了五行如何相互制约，从而创造出一个平衡健康的有机体。相克循环认为：水属性控制火属性，这很容易理解，想象将水倒在火上以浇灭它；火属性控制金属性，想象一名铁匠在使用火熔化金属；金属性控制木属性，想象用一把金属斧头砍树木；木属性控制土属性，想象树木的根部生长到土壤深层；土属性控制水属性，想象土壤堵塞河水。这完成了控制或破坏角度的相克作用的循环[②]，请参阅图 9.2。

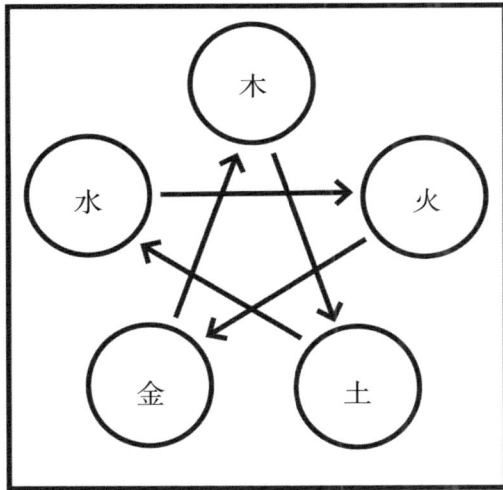

图 9.2 五行相克循环

古代的中国人将他们所理解的各种人体器官归属在五行模型之中。经过三千多年的发展，针灸这门令人惊叹的科学已经利用此模型治疗了诸多不同类型的疾病。同样，武者可以使用相同的模型来增强他们

---

② 马乔怡（Maciocia）的《中医学基础》（*The Foundations of Chinese Medicine*），第 15 ~ 34 页；贝恩菲尔德（Beinfield）和科恩戈尔德（Korngold）的《天人合一》（*Between Heaven and Earth*），第 39 ~ 44、85 ~ 127 页。

的实战能力。五行理论中的相互作用扩展了西方世界的武术格斗技术。但是，绝大多数应用都集中在更容易理解的十二正经的相互作用上。

我们可以进一步通过展示五行模型中每个器官的阴阳属性（表9.1）来拆解中国人对这套系统的使用方式。这与"十天干"的概念相对应，松本与伯奇对这一概念进行了探讨。③借助于这两位作者的研究，我们可以从武术的角度探索十二正经的相互作用。这些相互作用在很大程度上依赖于五行的相生与相克系统。通过理解生克过程及其与十天干相呼应的信息，可以获得更多的内容。本书将以简要的方式列出有关十天干的信息。有兴趣的读者可以研究《五行与十天干》这本书，对这两个循环的细分内容进行了解。

表 9.1 脏腑的五行属性

脏腑	五行属性
胃	土
脾	土
心	火
小肠	火
膀胱	水
肾	水
心包	火
三焦	火
胆	木
肝	木
肺	金
大肠	金

表 9.2 展示了每个经络的五行属性及其阴阳属性。这可能看起来

③ 松本（Matsumoto）和伯奇（Birch）的《五行与十天干》（*Five Elements and Ten Stems*），第 175 页。

有点令人困惑，但实际上非常简单。请记住，我们之前提到的每个五行元素都对应一个阴或阳的属性，而主要经络被分为六组，每组包含相对应的两经。例如，土元素对应一个阴属性的正经，即脾经，和一个阳属性的正经，即胃经。同样，其他的主要经脉都以类似的方式分组。表9.3以更容易理解的方式呈现了这些概念。

表9.2　十二正经的五行属性与阴阳属性

十二正经	五行属性	阴阳属性
胃经	土	阳
脾经	土	阴
心经	火	阴
小肠经	火	阳
膀胱经	水	阳
肾经	水	阴
心包经	火	阴
三焦经	火	阳
胆经	木	阳
肝经	木	阴
肺经	金	阴
大肠经	金	阳

表9.3　十二正经的五行属性与阴阳属性对照表

属性	土	金	水	木	火	
阳	胃经	大肠经	膀胱经	胆经	小肠经	三焦经
阴	脾经	肺经	肾经	肝经	心经	心包经

你可能会注意到，火属性的经络有四条，而其他属性的经脉都只

有两条。火属性的经络之间的相互关系将在本书第十一节进行讨论。本节的重点为从能量角度探讨被大众所熟知的十天干相互作用的方式。可以说，十天干理论是五行理论的进一步划分，它认为属阴的经络濡养其他的阴性经络。阳性经络也是如此。在最基本的层面上，这意味着属阴的器官，即肝、心、脾、肺和肾，在循环中互相滋养。同样，胆、小肠、胃、大肠和膀胱（属阳的器官）也遵循相同的相生循环滋养模式。

图 9.3 很好地标注了五行理论的十天干模式。它展示了这个概念的基本配置。在描述相生循环时，只需将阴性经络连接起来。同样，阳性经络也遵循此相生循环。相克循环的方式略有不同，正如图 9.2 中展示的那样。一旦添加了更高级的十天干理论，五行元素的阳经控制相同元素的阴经，该元素的阴经也受到相应元素在相克循环中的控制。[4] 对大多数学生来说，这是相当令人困惑的内容，本书将在接下来的章节中以更详细的方式进行介绍。

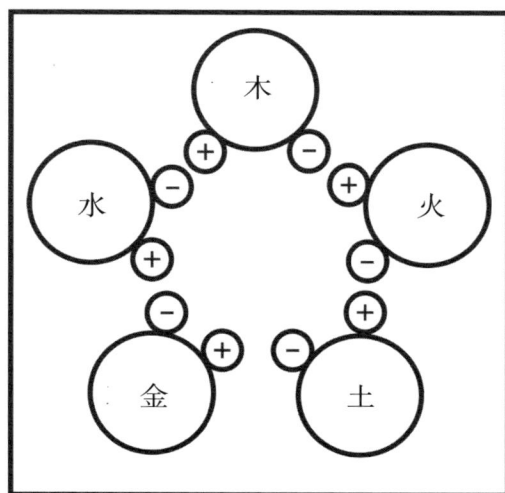

图 9.3 十天干理论。"+"与"−"分别表示阳性经络与阴性经络

---

④ 松本（Matsumoto）和伯奇（Birch）的《五行与十天干》（*Five Elements and Ten Stems*），第 27 ~ 32 页。

　　本书将使用基本的相生和相克循环理论。对本书的重点——探讨奇经八脉与十二经络之间的相互作用来说，这已经够用了。十天干理论充分体现在十二经络内的能量干扰和不平衡之中。与本书的重点相比，奇经八脉与主经络之间的相互作用较为基础，但在武者的研究中长期被忽视，直到现在才开始受到重视。

第十节 五行体质

在每个人的生活结构中，都有一定的主线和主题。

——杰里米·罗斯（Jeremy Ross）

在中医学的发展过程中，中医诊断学逐渐开始关注那些表现出特定身体和心理特征的个体。这些特征碰巧与中国人所称的五行相对应。因此，一个以基础诊断为目的的知识体系逐渐形成[①]，这个体系以易于中国人理解的、符合道家理论的方式表达出来，成为传统中医学理论的一部分。这就是被称为"五行体质"或"五行原型"的理论。

传统中医将身体疾病的共同特征与多种情感和心理健康相结合。与西方不同的是，这些领域之间没有明显的分界线。中国人注意到了一些观察结果，这些结果加深了五行体质与特定体型之间的联系。这些观察对于确立特定体型与人所共知的五行理论之间的关联至关重要。[②]

随着多年的观察，人们注意到了其他一些现象，这些现象进一步支持了他们对道家理论的理解。他们发现那些具有相同特定体型的人身上会出现类似的能量失衡。[③]例如，高个子瘦削的人的木属性经络中有过多的能量，强壮而矮胖的人的土属性经络中有过多的能量。经

[①] 马乔怡（Maciocia）的《中医学基础》（*The Foundations of Chinese Medicine*），第320～327页。

[②] 罗斯（Ross）的《针灸穴位组合》（*Acupuncture Point Combinations*）。这本书对五行类型与其所代表的情绪和心理状态的关系进行了广泛的探讨。它没有论述五行元素与人体的联系，但在支持本书中有关心理构成的内容方面是一本优秀的参考资料。

[③] 久志道夫（Michio Kushi）的《东方诊断书》（*Book of Oriental Diagnosis*）。这本优秀的诊断学著作论述了与个体能量构成相关的许多特征。它没有特别论述五行体质，但对于理解传统中医的诊断技术非常有价值。

过多年的观察研究，伴随着这一诊断方法的不断完善，人类能量状态的基本理论也逐渐形成。这就是所谓的五行体质。这种理论对武者来说非常重要。武者可能无法准确地将五行体质的能量弱点记在脑中，但他们可以了解有关五行体质的知识，并将其视为掌握更高级内容的先决条件。

木型体质

木型体质的人通常身材高大、修长。他们的肩膀宽阔，肤色通常较深。木型人通常有相当强壮的肌肉，但不是特别粗壮。他们的骨骼通常很结实，体力比外形展现出来的要更强。一个常见的特点是他们的背部笔直，很少出现驼背。[4] 我发现典型木型人的代表就是篮球运动员。当你在电视上观看 NBA 比赛时，注意球员的身体特征。他们通常身材高大、瘦长，肌肉发达（但不是特别粗壮），走路时非常挺拔。快速理解木型人特点的技巧之一，就是在脑海中想象一个篮球运动员。

从能量的角度来看，木型人的木属性经络（肝经和胆经）中有丰富的能量。这意味着他们的这些经络非常强大。在一次研讨会上，我进行了一个现场测试，击打了一个木型人的风市穴以观察效果。虽然他有轻微的反应，但是没有出现大多数人常出现的标准反应。我发现木型人对金属性经络的击打很敏感，因为金属性克制木属性。[5]

---

[4] 马乔怡（Maciocia）的《中医学基础》（*The Foundations of Chinese Medicine*），第 320 页；莫尼梅克（Moneymaker）的《捕手术参考手册》（*Torite-Jutsu Reference Manual*），第 40 ~ 41 页。

[5] 贝恩菲尔德（Beinfield）和科恩戈尔德的（Korngold）的《天人合一》（*Between Heaven and Earth*），第 160 ~ 175 页。这本书关注五行体质的心理方面，包含了每个五行体质自然属性之下能量不平衡的详细描述。

火型体质

火型体质的人通常脸色泛红，头部或下巴尖瘦，并且通常要么卷发，要么有些秃顶。另一个有趣的共同特点是他们通常有小巧的手。他们通常走路很快，看起来精力非常充沛。我还经常观察到，他们很容易发怒[6]，当生气时，他们的上胸部和面部会变红。这表明了他们体内有过多的火属性能量。与篮球运动员这样典型的木型体质人群相比，火型体质的群体分类有点困难。火型人通常有啤酒肚。

火型人对几乎任何形式的点穴技术都非常敏感。我观察到有几个火型人仅被轻微击打穴位就完全失去意识。从能量角度来看，他们在格斗中处于极为不利的地位。[7]

土型体质

土型体质的人通常肤色较深，体型强壮。他们通常头颅较大，腿部强壮有力，下颌较宽。常常可以发现他们走路时双脚几乎不离地。总的来说，他们是比较随和的一类人，你很难让他们生气。[8]

联想一下橄榄球运动员，特别是大块头的那类，他们是土型人的典型代表。在橄榄球运动员中，你会找到很多土型人。他们又高又壮，肌肉发达，腿部有力。理解土型人特点的简单方式，就是回想你见过的橄榄球运动员。

从能量角度来看，土型人的土属性经络中拥有过多的能量。不幸

---

[6] 马乔怡（Maciocia）的《中医学基础》（*The Foundations of Chinese Medicine*），第320页；莫尼梅克（Moneymaker）的《捕手术参考手册》（*Torite-Jutsu Reference Manual*），第40～41页。

[7] 贝恩菲尔德（Beinfield）和科恩戈尔德的（Korngold）的《天人合一》（*Between Heaven and Earth*），第176～189页。这本书关注五行体质的心理方面，包含了每个五行体质自然属性之下能量不平衡的详细描述。

[8] 马乔怡（Maciocia）的《中医学基础》（*The Foundations of Chinese Medicine*），第320页；莫尼梅克（Moneymaker）的《捕手术参考手册》（*Torite-Jutsu Reference Manual*），第40～41页。

的是，这使他们在木属性经络方面非常虚弱，而木属性的特点是克制土属性。木属性经络包括肝经和胆经，这两条经络对土型人来说就是弱点。土型人在风市、风池等胆经穴位受到击打时非常脆弱。与其他五行体质的人相比，土型人对击打这些经络的反应非常激烈。⑨

金型体质

金型体质的人通常肩膀宽阔而方正。他们有倒三角形的脸形和强健的身体，但少有大块的肌肉。他们往往很瘦，但通常嗓音浑厚。金型人的另一个特点是鼻子较大。⑩

我所知的与金型人相关的最恰当的类比群体是长跑运动员。他们往往比其他群体更多地表现出这些体态特征。

联想一下与金属相关的事物，你可能会想到盔甲。从能量角度来看，金型人确实穿着一副"盔甲"。通常情况下，对金型人施加穴位击打往往很少有效果甚或没有效果。他们的弱点在火属性经络上，即使击打这些经络，有时也很难见到应有的反应。⑪

水型体质

水型体质的人通常脸和身体都比较圆。他们往往肥胖，皮肤白皙而柔软。他们的脊柱有时会比正常人的要长。他们的动作往往缓慢，

---

⑨ 贝恩菲尔德（Beinfield）和科恩戈尔德的（Korngold）的《天人合一》（*Between Heaven and Earth*），第 190 ~ 203 页。这本书关注五行体质的心理方面，包含了每个五行体质自然属性之下能量不平衡的详细描述。

⑩ 马乔怡（Maciocia）的《中医学基础》（*The Foundations of Chinese Medicine*），第 320 页；莫尼梅克（Moneymaker）的《捕手术参考手册》（*Torite-Jutsu Reference Manual*），第 40 ~ 41 页。

⑪《1994—2004 年龙社国际研究小组的个人研究笔记》；贝恩菲尔德（Beinfield）和科恩戈尔德的（Korngold）的《天人合一》（*Between Heaven and Earth*），第 204 ~ 217 页。这本书关注五行体质的心理方面，包含了每个五行体质自然属性之下能量不平衡的详细描述。

有时会被认为比较懒惰。⑫ 许多较胖的上班族属于水型人。我相信你在许多场合都见过这种类型的人。他们非常不容易发怒，被认为是出色的谈判者。

总的来说，在自卫情况下，你不必担心面对水型人。挑衅并不是他们的性格特点。记住，水可以绕过障碍物，这是水型人的特点。从能量角度来看，他们的膀胱经和肾经非常强大。这使得他们在土属性经络上更虚弱。然而，由于大多数水型人都过于肥胖，这些经络穴位又位于身体前部，因此很难通过击打来干扰到这些穴位。⑬

关于五行体质的总结

要学会辨认一个人的五行体质，一个很好的练习方法是去购物中心、体育赛事举办处或其他人群聚集的地方，找个地方坐下，开始注意周围人的体质特征，你很快就能辨认出某个人特定的五行体质类型。有些人可能像教科书描述的那样典型。有些人可能会表现出不止一种五行元素的特征。你可能会注意到一个土型人，他同时又具有强烈的火属性的某些特征。或者是一个木型人，表现出强烈的金属性的某些特征。经常做这个练习，在任何一群人中，你都可以观察到各种五行元素组合的体质类型。⑭

从武术格斗的角度来看，这可能会令人不知所措。你怎么可能指望自己了解所有不同组合的五行体质的能量弱点，并期望在自卫情况下针对这些弱点做出反应和攻击？这个问题的答案在第十三节中可以

---

⑫ 马乔恰（Maciocia）的《中医学基础》（*The Foundations of Chinese Medicine*），第 322 页。

⑬ 贝恩菲尔德（Beinfield）和科恩戈尔德的（Korngold）的《天人合一》（*Between Heaven and Earth*），第 218 ~ 231 页。这本书关注五行体质的心理方面，包含了每个五行体质自然属性之下能量不平衡的详细描述。

⑭ 马乔恰（Maciocia）的《中医学基础》（*The Foundations of Chinese Medicine*），第 322 页；贝恩菲尔德（Beinfield）和科恩戈尔德的（Korngold）的《天人合一》（*Between Heaven and Earth*），第 131 ~ 159 页。这本书关注五行体质的心理方面，包含了每个五行体质自然属性之下能量不平衡的详细描述。

找到。

在研讨会上，点穴教练在进行演示时有一个有趣的"窍门"：挑选一个特定五行体型的 Uke[15] 进行示范。如果选择了一个大腿粗壮、身体结实的个体来示范攻击胆经（土型人对此非常敏感），他们对这个技术的能量反应会表现得比其他体质的人更严重。如果教练选择一个木型人来示范攻击胆经，由于他们体内该经络中的能量充盈，最后的示范效果将会不明显。考虑到这些信息，你很少会看到教练选择金型人进行示范。

此外，考虑到五行体质，你很少会面临与水型人对峙的情况。他们往往比其他类型的人更加温和，你很少会发现他们参加武术课程或其他接触性体育运动之类的活动。在街头，你更有可能遇到木、火或金型体质的人。身高较高的木型人往往喜欢酒精，这会影响他们的肝脏（阴属性、木属性），他们酒后可能会表现出攻击性。火型人因易怒而闻名，遇事很容易失去控制。金型人往往受到"小个子综合征"的困扰，他们的身材通常比其他类型的人要矮小，而具有更多阳属性的此类人往往具有侵略性。[16] 土型人在生气时可能会很棘手，但总体而言，他们基本不会发怒。这些分析有助于你对高阶层面的传统中医诊断能力有更深刻的理解，它超越了治疗身体疾病的层面，涵盖了个体的心理和情感构成。

---

[15] Uke 是一个日语术语，用于代表武术演示时接受技术的人。他们通常比示教者地位低。

[16]《1994—2004 年龙社国际研究小组的个人研究笔记》。

第十一节　奇经八脉的相互关系

知彼知己者，百战不殆。

——孙武

　　如前文所述，奇经八脉与十二正经有许多交会穴。这些交会穴的主要功能是在十二正经与"人体电池"或能量核心之间进行能量交互。乍看之下，这个系统似乎复杂且难以理解。我们将分解这些能量交互，以一种简化的方式来介绍这两个子系统。

　　下面我们将说明"人体电池"（包括冲脉、督脉和任脉）是如何与十二正经相连接的。从第四节关于冲脉循行轨迹的介绍中，我们可以确定它连接到了十二正经的气冲、横骨和幽门。在第二节中，我们提到了任脉的循行轨迹，从中我们可以看到，它在终止点承泣与十二正经相连接。任脉还与一些主要经络有连接，这些连接点包括曲骨、中极、关元、下脘、中脘、上脘、膻中和承浆。督脉则在第三节中介绍过，它与十二正经在风门相连。（图 11.1）

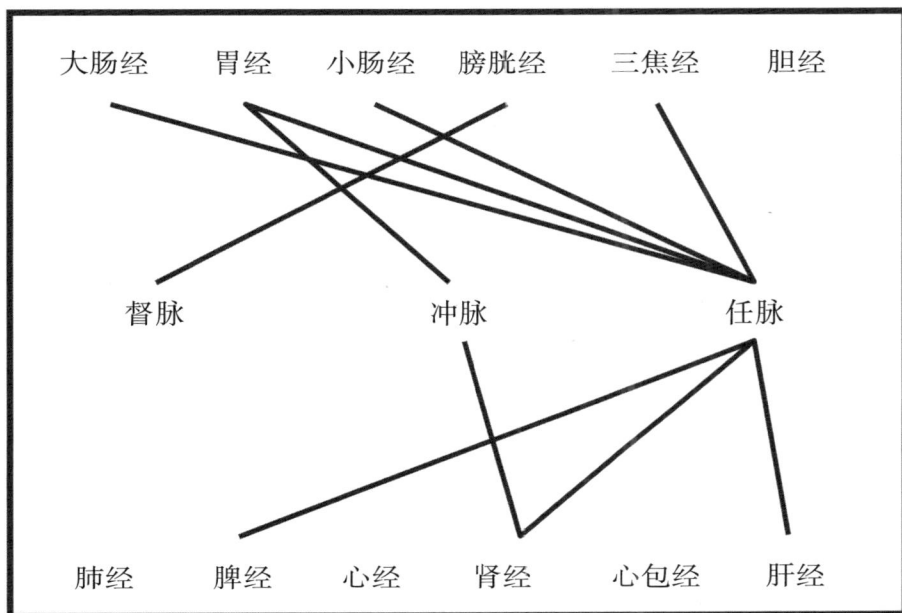

图 11.1 "人体电池"与十二正经之间的联系

从图 11.1 中可以明显得出的一个结论是：包括着冲脉、任脉和督脉的"人体电池"系统与十二正经直接相连。任脉与脾经、胃经、小肠经、肝经、大肠经、肾经和三焦经相连。由于任脉与阴属性经络密切相关，所以这一点颇为奇特。任脉与四个阳属性的经络，即胃经、小肠经、大肠经和三焦经，进行能量交换，以协助纠正其与阴属性经络相关联的经脉中的能量失衡。冲脉与胃经和肾经相连。与肾经的连接有助于调节肾脏的能量，而在传统中医的能量与功能的理论中，肾脏至关重要。督脉直接与膀胱经连接，以帮助维持两个水属性的经脉（即肾经与膀胱经）的能量平衡。

图 11.2 中显示了带脉和跷脉与十二正经的连接。

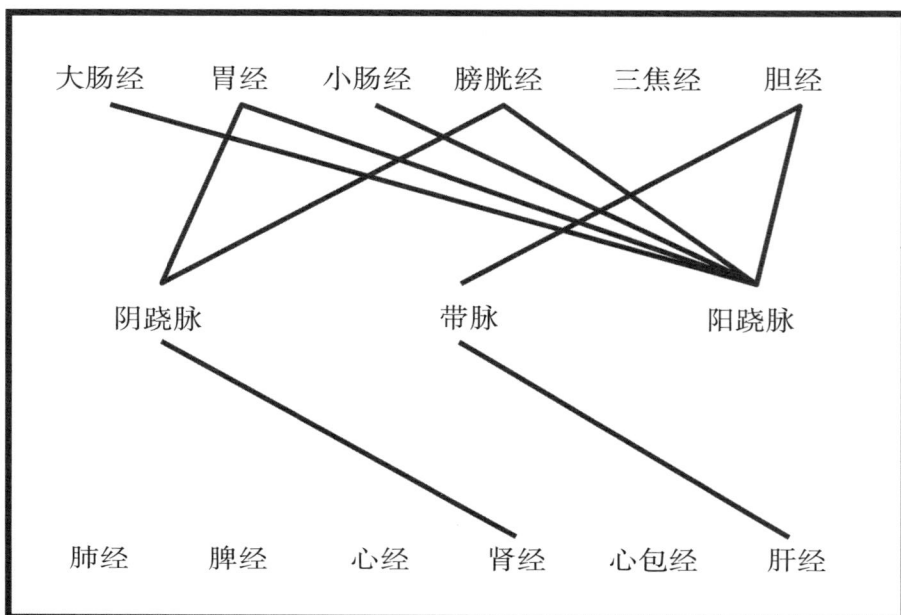

图 11.2 带脉和跷脉与十二正经之间的联系

从图 11.2 中可以得出一些结论，带脉只与肝经和胆经直接相连。这与该经脉的一个功能相符，即帮助调节相互关联的木属性经络（肝经和胆经）的能量。带脉没有与除这两经之外的其他正经直接相连。阴跷脉的主要职责是为腿部的阴属性方面供能，它连接到了足少阴肾经、足阳明胃经和足太阳膀胱经。这三条经络都在腿部的能量供给中发挥了重要作用。阴跷脉不与除这三经之外的其他任何正经直接相连。阳跷脉负责为腿部的阳属性方面提供能量，它直接连接到大肠经、胃经、小肠经、膀胱经和胆经。从图 11.1 和图 11.2 中可以看出的一个更为明显的事实是，奇经八脉与十二正经中的大多数阳属性的经脉相连接。为什么呢？鉴于阳性器官（腑）的本质，它们比较坚韧，比敏感的阴性器官（脏）更能承受能量波动。阳属性的腑比阴属性的脏更为强健，它们的耐受性更好，无论是对物理上的创伤还是对能量上的波动，都比阴属性的脏的承受能力更强。这对武者来说非常重要，可以帮助他们了解应该攻击十二正经中的哪些经络及与其相关联的脏腑。下张图（图 11.3）对此给予了进一步的支持，它显示了维脉与十二正经之间的连接。

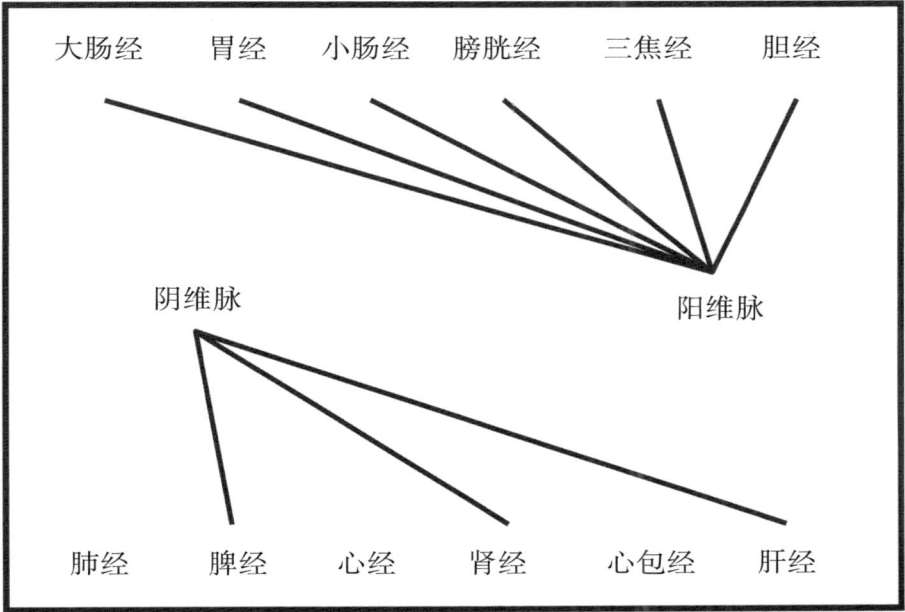

图 11.3 维脉与十二正经的联系

　　阳维脉与每个阳属性的正经相连，包括大肠经、胃经、小肠经、膀胱经、三焦经和胆经。这使得阳维脉能够快速调整这些经脉的能量。请记住，与阴属性关联的经脉相比，阳属性关联的经脉更为坚韧，因此其可以快速调整能量水平，它们对于身体的功能并不像阴属性的经脉那样至关重要。阴维脉只连接脾经、肾经和肝经，与肺经、心经和心包经没有直接连接。脾脏、肾脏和肝脏是维持人体生命功能的重要器官，但它们和心（心包）、肺相比依然是次要器官。心与心包的功能密切相关，所以在此将二者视为一个整体。呼吸和心跳对维持生命至关重要，如果二者有一项停止，机体就会死亡。古代中国人也知道这一点，传统中医学整体观念也围绕着这些知识不断发展。中医学中所描述的各种脏腑间的相互作用方式及维系它们工作的能量系统，反映出在影响心和肺的能量时需要进行精细的操作。①

　　身体的能量系统如何调整心和肺的能量？回答这个问题，首先需要了解十二正经的表里关系，或阴经与阳经的配对，它们是如何相互作用的。其次，在知道如何攻击该系统之前，需要先了解奇经八脉的功能。最后，要想弄清楚这些脏腑的理想能量状态，需要从东方模式之外寻找答案。下一节所探讨的西方科学的一个分支将帮助读者揭晓这个答案。

---

① 《1994—2004年龙社国际研究小组的个人研究笔记》。本节所提供的信息来自作者对奇经八脉与十二正经的功能和相互关系进行的研究。这些相互关系得到了迄今为止引用的许多文献的支持，但本节中所呈现的方式是作者个人为了让读者对这些常令人困惑的相互作用一目了然而自创的图。

第十二节 身体警戒反应

·

科学家不得不应对与人自身相关的科学，更困难的是，他们不得不说服人们去相信他们所发现的东西。

——伯特兰·罗素（Bertrand Russell）

应激——有充足的理由让人相信，这是一个在人体研究中受到极大关注的主题。它在不同程度上影响着我们每个人。事实上，它影响着地球上的每一个生物。汉斯·塞利（Hans Selye）博士推动了关于应激的研究，以及它对生物的影响。[①] 他被许多人视为应激理论的先锋，是解决与应激相关疾病的先驱。塞利将应激定义为"身体对其提出的任何要求的非特异性反应"。他的研究使人们更加了解人类如何对各种应激做出反应。正是在他的理论及他同事们扩展的理论的基础上，人们试图将应激纳入武术科学。

塞利研究发现，应激会导致身体结构及体内化学成分发生特定变化。这些变化可以通过实验和观察进行准确预测和确认。一些可预测的生理生化变化来源于身体遭受的实际损伤，另一些则是身体为了进行自卫而产生的变化，所有的变化被统称为适应性反应。塞利将所有这些可预测的生理生化变化总结之后，提出了"一般适应综合征"的概念。[②] 一般适应综合征分为三个阶段：警戒反应阶段、抵抗阶段和

---

① 麦康奈尔（McConnell）的《理解人类行为》（*Understanding Human Behavior*），第 320 页。

② 麦康奈尔（McConnell）的《理解人类行为》（*Understanding Human Behavior*），第 320 ~ 322 页；科尔曼（Coleman）、布彻（Butcher）和卡森（Carson）的《异常心理学与现代生活》（*Abnormal Psychology and Modern Life*），第 154 ~ 156 页。

耗竭阶段。③初始的警戒反应阶段代表了身体防御机制"警觉动员"时的生理表现。此外，在警戒反应阶段的最初时刻，身体被认为处于休克或静止状态。④如果刺激持续存在，身体将进入抵抗阶段。如果身体无法继续抵抗刺激，它最终将进入耗竭阶段。每个阶段在人体上都具有明显的特征，因此这些阶段在每个人身上都是可预测的。尽管这个概念模型是为了解释疾病对人体的影响而开发的，但同样适用于当身体面临潜在伤害或受到威胁时的应激状况。弄清楚塞利博士提出的"一般适应综合征"概念中的警戒反应阶段，对于解密人体的可预测变化至关重要。如果能够预测在面临生命威胁的情况，我们会有怎样的应激反应，那么我们就可以调整自身的训练方案，以开发更具现实意义的应对方案。

那么这与武术有什么关系呢？这其中有很多联系。可预知人体应激时会做出哪些真实的反应，就可以让我们在了解自己的同时也弄懂那些潜在的对手。面临一个高压的应激事件，比如在自卫时，绝大多数人会出现很多生理状态变化。这些可预知的变化被称为"身体警戒反应"⑤。这个概念是指当个体感知到身体有可能遭受伤害时，发生在人体中可被预知的反应。这些应激反应是在毫无意识的情况下迅速发生的，而这些反应的剧烈程度取决于个体的身心状况。这些应激反应直接影响了我们的真实自卫能力，同时也提供了敌人身体内也在发生类似生理反应的线索。我们如果观察并弄懂了这些可以预测的反应，就能调整我们的训练方案，以克服这一现象中的许多负面影响。我们既然能用中医理论作为模型，来预测我们的格斗技术对人体的影响，那么，我们也可以使用身体警戒反应的模型来预测应激对我们自卫能力的影响。在考察了许多不同风格的武术之后，我们发现大多数武术

③ 麦康奈尔（McConnell）的《理解人类行为》（*Understanding Human Behavior*），第320页。
④ 麦康奈尔（McConnell）的《理解人类行为》（*Understanding Human Behavior*），第320页。
⑤ "身体警戒反应"是在由汤姆·芒西（Tom Muncy）和瑞克·莫尼梅克领导的龙社国际（Dragon Society International）武术组织中使用的术语。该组织的成员和教练普遍将其缩写为BAR。

中并没有针对应激生理反应的相关训练。我们如果能够在这一已经被科研证实的领域内分析研究具体的格斗技术，就可以更好地提升某些技术的成效。那些与人体面临危险时的预设反应相违背的格斗技术，或者本身就忽略了人体应激反应的技术原则可能会被揭露出来或直接淘汰。同样，这些反应的格斗技巧可以纳入我们的训练方案中。通过这些改进，可以大大增加我们的胜率和生存率。

一旦识别到潜在威胁，比如周围有人表现出攻击行为，你的身体将自动启动包含各种防御机制的"警觉动员"。你的身体会根据你所诠释的潜在威胁等级，极大地影响应激反应的程度。它将根据侵略性人员所具有的威胁程度做出相应反应。显然，面对一个持械的 6.5 英尺（约 2 米）高、250 磅（约 113 千克）重的暴徒，你对侵略威胁的身体警戒反应将更加明显，而对 10 岁的孩子则不然。感知威胁的程度越高，身体警戒反应的程度就越高。身体警戒反应的程度还可以直接受到专业训练的影响。如果你经常面对大型攻击者，你将锻炼出一定程度的条件反射，使你的身体警戒系统学会在不同程度上对特定压力刺激做出适当的反应。在你能够成功地对抗更强大的攻击者之时，一旦出现意料之外的因素，例如同时出现两名强大的攻击者，你的身体将自动增加其"警觉动员"。[6]

大多数武者并没有意识到这一点。他们习惯了在光线明亮、铺着地毯、有空调的场地训练。他们进行了足够多的练习，以培养他们认为的能够在街头自卫的技能，但他们中的许多人从未置身于真实的自卫情境中。他们的经验、体能和训练都围绕着受控的、以竞技为导向的格斗的规则和礼仪所展开。他们所修习的武术流派，通常更注重表演和视

---

⑥ 塞利（Selye）的《生活的压力》（*The Stress of Life*），第 36～38 页，塞利详细探讨了他在压力方面的广泛研究，特别是"一般适应综合征"的动员阶段；《1994—2004 年龙社国际研究小组的个人研究笔记》。本节中的信息是作者的研究成果，首次将塞利博士的研究成果应用在武术格斗领域。尽管没有特定的遇袭场景与对手，但它是基于众多行为心理学家记录下的被证实的人类面对压力的真实反应。此外，这也是首次根据传统中医的法则、理论和概念来研究身体警戒反应的作用。

觉冲击力，而非实战的搏斗效果，当然这并不是他们的错。我们都听说过一些经验丰富的高级别武者在街头打斗中被击败的故事。在训练中未考虑身体警戒反应的影响是这些令人尴尬且危险的情况发生的主要原因。

警觉动员

一旦你察觉到具有攻击性行为的威胁，你的身体内部将开始一系列完全自动的反应。你无法阻止这种情况的发生。你的思维将专注于处理潜在的威胁，以至于你无法意识到你正在陷入身体警戒反应中。鉴于我们如今生活的社会，大多数人从未经历过实战环境下的压力，对大多数人来说，接触到与这种生活经历最接近的情况可能是另一些潜在的生命威胁事件。以一次严重的车祸险情为例。根据身体警戒反应的模型，你可能会出现以下生理变化[⑦]：

- 血压和心率上升
- 肌肉张力普遍增加
- 呼吸频率增加
- 更高水平的精神警觉
- 视野狭窄（过度专注于威胁）
- 听觉排斥
- 时间感觉受损
- 减少非必要身体功能的血流供应
- 排除体内废物

现在，如果你愿意，考虑一下这些相同的反应会如何妨碍你在真

[⑦] 莫尼梅克（Moneymaker）的《大师系列讲义》（*Master Series Handout*），1995 年。莫尼梅克教授是第一位在美国向武者讲授身体警戒反应效果的教练。他制订了一系列演练内容，向武者展示了一些基本反应。彼得·康斯坦丁（Peter Consterdine）和杰夫·汤普森（Geoff Thompson）在英国为身体警戒反应的格斗应用做出了贡献。

实自卫的情况下保护自己。当你的内分泌系统将肾上腺素释放入血液时，你会产生一些生理反应，你的前臂肌肉以及整个肌肉系统会普遍紧张，这将显著影响你施展手部技术的能力，比如反关节技、抓握或以其他方式控制对手的技术。试想象一下，在经历了一次差点就变成严重车祸的遭遇后，被要求立即完成倒杯咖啡这样的简单任务。在这种情况下，应激的生理效应，即颤抖，会使得倒咖啡变得非常困难。在真实的自卫情况下，你的身体将以相同的方式做出反应。这是一种可被预知的反应，在遭受这些类型的压力时，绝大多数人，包括武者，都会出现类似的情况。[8] 有过实际街头自卫经历的人，已经亲身经历了这类反应。回顾起来，如果我们在训练中考虑到了身体警戒反应，那么我们遇到自卫的情况时身体受到伤害的程度将会大大减轻。

　　当你的大脑识别到威胁你安全的潜在危险时，你的身体将以多种方式开始对这种压力做出反应。人体对潜在的生命威胁的首要反应之一是将大量肾上腺素分泌到血液中。肾上腺素是身体的众多激素之一 [9]。激素的功能是提供生物学上的保护。不幸的是，激素产生的变化实际上可能会限制你的自卫能力。身体警觉动员的目的是提供更多的力量与能量，以便进行战斗或逃跑。这有时被称为"战或逃综合征"。这是我们进化的结果，使我们能够应对各种各样的威胁。

　　当体内的这些生理生化反应遵循固定程序自动发生时，大量激素释放入血液将产生下列结果：血压和心率都上升 [10]，这旨在增加大脑和肌肉的血液流量，这样无论是自卫还是逃跑，身体都将展现出更强的活动能力。在这命悬一线的时刻，随着大脑和肌肉系统的血液流量

---

[8] 塞利（Selye）的《生活的压力》（*The Stress of Life*），第 36 ~ 38 页，塞利详细探讨了他在压力方面的广泛研究，特别是"一般适应综合征"的动员阶段；《1994—2004 年龙社国际研究小组的个人研究笔记》。本节中的信息是作者的研究成果，首次将塞利博士的研究成果应用在武术格斗领域。尽管没有特定的遇袭场景与对手，但它是基于众多行为心理学家记录下的被证实的人类面对压力的真实反应。此外，这也是首次根据传统中医的法则、理论和概念来研究身体警戒反应的作用。

[9] 麦康奈尔（McConnell）的《理解人类行为》（*Understanding Human Behavior*），第 319 页。

[10] 康斯坦丁（Consterdine）的《街头智慧》（*Streetwise*），第 155 ~ 168 页。

增加，相应的消化系统、肾脏、肝脏和皮肤的血液流量便会减少。呼吸频率亦会增加，以便让更多的氧气进入体内。脑内血流量的增加会进一步提高警觉性和感知能力，这是为了帮助我们加速评估眼下的情况并缩短身体做出反应的时间。当然它也可能会产生一些负面影响，如让视野变得狭窄、出现听觉排斥和时间感觉受损。体内会释放出额外的能量，血液中胆固醇、脂肪和血糖含量都会升高。我们的身体还会提高血小板和凝血因子的含量水平，以预防在接下来的冲突中可能产生的出血类损伤。身体警戒反应中还有一种特殊的机制对武者来说影响很大，即自动增加全身肌肉的收缩程度。此反应会单方面限制很多武术技术的施展。值得注意的是，肌肉收缩程度越高，身体的运动及反应速度就越低。因此，从实战的角度来看，身体处于警戒反应状态下，比起处于放松状态下要迟钝得多。这些本应提供辅助，实际上却大大妨碍我们的反应机制，造成了实战中我们自卫能力的下降。[11]

调整训练

那么，如何调整我们的武术训练？抑或更重要的，如何调整我们的心态与意识？这个命题将深刻影响在实战的压力下，当身体自动触发警戒反应时，我们施展格斗技术的能力。然而，许多现代竞技导向的武术中的格斗技巧并不实用。[12] 随着武术在西方社会的演变，它越来越远离它诞生之初以实战为导向的体系，结果就造成了一种现象：虽然很多流派在宣传他们的技术和训练方法时将其鼓吹为"街斗神技"，但事实上，使用这些技术和训练方法往往适得其反。他们经常

---

[11] 麦康奈尔（McConnell）的《理解人类行为》（*Understanding Human Behavior*），第 320 ~ 322 页；科尔曼（Coleman）、布彻（Butcher）和卡森（Carson）的《异常心理学与现代生活》（*Abnormal Psychology and Modern Life*），第 155 页。请注意，身体警戒反应的生理变化已经通过众多行为心理学家的详尽研究得到证实。
[12] 蒙特奎（Montaigue）的《高阶点穴术》（*Advanced Dim-Mak*），第 309 ~ 313 页。

向学生"抛售"这样一个观念：在他们"到了不得不使用该技术"的时候[13]，这些方法才会有效。当然并不是所有的格斗技术都如此，但有必要说明一下。

假设现在你面前突然出现一个明显具有攻击性的对手[14]，这个人表现出的侵略行为足以激活你体内的连锁反应。此时你的身体开启警戒反应。随着对手的攻击行为升级，你的身体将会自动运行那些可预知的应激反应。比如，当对手向你的头部挥出右拳时——你必须做出反应，否则就会被打中，在以毫秒为单位的时间里，你的大脑解析着这一拳的冲击，同时身体警戒反应的许多效应正在发生。肾上腺素和其他激素被释放到你的血液中，而且仍在不断分泌，这引发了血压上升。你的心率正在上升到无氧运动水平，呼吸速率也显著增加。供应你的消化道、肝脏、肾脏和其他（与面对生命威胁无关的）脏腑的动脉和毛细血管正在收缩，以减少流向它们的血液量。凝血因子和血小板数量正在上升，以防止潜在的出血威胁。更多的血液流向大脑，使你对威胁变得异常警觉，让感知力处于高度戒备状态。你的时间感知可能会发生变化，即眼里的一切似乎开始变成慢镜头。由于威胁的存在，你可能会出现"隧道视觉"和（或）"隧道听觉"。你的肌肉系统将经历广泛性的收缩，这将降低你的反应速度并抑制你的运动能力。在极端情况下，根据你的条件反射或所感知到的威胁程度，你的膀胱和肠道可能会开始排空（失禁），这种生理现象可以解释为人体在面

---

[13] 对瑞克·莫尼梅克教授的采访，2001 年。

[14] 麦康奈尔（McConnell）的《理解人类行为》（*Understanding Human Behavior*），第 98 ~ 110 页，麦康奈尔提供了一些有关暴力和公认的导致暴力的因素的有趣信息。一些理论家认为虽然我们天生具有侵略的本能，但必须以某种方式学会自我控制。另外提到了三位一体脑［译者注：三位一体脑，又称爬行脑，是脊椎动物前脑和行为进化的模型，由美国医生和神经科学家保罗·D. 麦克莱恩（Paul D. MacLean）在 20 世纪 60 年代提出。在攻击行为中扮演的角色是该研究领域中的一个重要话题。三位一体脑理论是指大脑的进化历史分为三个主要部分：爬行脑、哺乳脑和新皮质脑。该理论将每一个都视为独立的意识，并且作为在进化过程中顺序添加到前脑的结构。根据该模型，爬行脑负责我们的原始本能，哺乳脑负责我们的情绪，新皮质脑负责客观或理性的思维］在侵略性行为中的作用。厄尔·蒙特奎（Erle Montaigue）在武术科学中提出了这一理论。

对受伤可能性较大的事件中，会先期排出自己体内的废物。

在几毫秒的时间里，你的大脑会放射神经冲动，使你的身体对此威胁做出反应。作为面对这一拳的条件反射，你的手臂会抬起，挡在你的头部或胸部之前，由于上半身的肌肉过度紧张，你的反应将会变得迟钝。在此之前你可能已经成百上千次地训练自己如何应对这种攻击。这些格挡的预设技术专注于二头肌的内侧头收缩，以用拳头的两个拳面进行截击。你在场地中已经演练了这种技巧成百上千次，你相信这一技术会奏效。但事实并非如此。你的左前臂会与攻击者的前臂相撞。你可能已经训练过迎着对方攻击的手臂来进行反击。然而，该技术无法施展成功，要么是由于攻击本身的动力学效应，要么是由于身体警戒反应导致的运动能力降低。事实上，当你从地板上爬起来时，你可能会意识到事情没有像"套招预设"里那样发生，多年的苦练失败了。为什么？原因是你没有考虑到现实中身体警戒反应的影响。你的训练是围绕在场地中虚构的自卫环境中施展的技巧，但这些无一例外在街头实战中无法成功实现。

考虑到在实际的自卫情况下我们会不由自主地出现广泛性肌紧张，这使得我们可以调整训练方法以进行补偿修正。与其训练精准的初始格挡点位，不如训练用身体较大的表面进行初始格挡。这个表面应该是肘部到手指尖之间的区域。那些认为能够在真实自卫情况下使用两个拳面进行精准击打的观念是不现实的。格挡的表面应该是前臂下缘面积较大的区域。在训练时，你的关注点应该是使用你的手臂来接触迎面而来的拳头，而不是像指关节那样较小的格挡区域。同样的道理适用于你施展踢击。使用仅有几英寸的前脚掌施展踢击的成功率要远远小于使用十几英寸的胫骨（小腿）进行的攻击。在高压力实战模拟训练时，有必要学会在身体警戒反应的初期采用较大的身体面积进行击打和格挡（图 12.1、12.2）。所有进阶的格斗行为都将取决于后续类似的反射训练。坚信自己在遭受攻击的第一时间就施展出精确的防御截击是完全不现实的。这种训练思维在大多数武术学校的学生中很常见。这也是许多"街头斗士"认为武术是一个笑话的原因，他们已经认识到所有的这类花哨的格斗招式在街斗中是行不通的。这还是许多武者在实战中学到的教训之一。

图 12.1 许多武术学校教授用身体面积较小的表面进行格挡。因为受到了身体警戒反应的影响，导致这在实战遭遇中是无法实现的

图 12.2 实用的是利用身体面积较大的表面进行格挡和击打

训练效应

我们对威胁的感知会显著且直接地影响身体警戒反应的速度与程度。不断遭遇某一类攻击或预判攻击者的行动，可以降低我们身体自动应激反应发生的速度与程度。通过进行逼真的实战自卫演练，我们可以使自己适应凶猛攻击的威胁。越多地针对特定威胁进行应对实操，我们的大脑和身体就越适应这种特定的应激。练习越贴近实战，即增加冲突发生的速度和强度，你能适应的实战的激烈程度就越高，这被称为训练效应。当面对敌方的凶猛一击，比起演练过此情景的武者，

那些从未练习过任何自卫技巧的人会激活更高程度的身体警戒反应。同样，对那些以全速和极高强度训练如何抵御凶猛一击的人来说，他们的警戒反应将比那些以半速练习的武者小得多。

训练效应可能会让武者产生一种虚假的安全感。在施展特定武技方面一旦培养出了更高水平的技术，武者往往会产生错误的认知，认为他们已经超脱了身体警戒反应的束缚。他们没有意识到，一旦引入未经适应的元素，人体还是会自动激活一定程度的身体警戒反应。在实战中，任何时候都可能出现武者未经适应的现实元素。让我们假设有人以凶猛的一拳向你袭来。你在此之前花了很多时间训练针对这种攻击的防御技巧，因此你能够确信自己可以正确施展。在训练时你已经将身体警戒反应会发生的情况纳入了这一技术中。在平时的训练中，你已经可以防御全速与任何角度的一击了。这种防御很有效，同时你也对此项技术深感自信，觉得自己已经成功地适应了这种类型的攻击。以上都是建立在你的主观感觉上。现在，当实际遭遇这一攻击时，仅仅是引入一个未经适应的元素，就可以使你完全陷入身体警戒反应中。在施展这一防御技巧时，你可能会因为地面湿而滑倒，也可能会遭遇一个体格庞大且极具侵略性的攻击者，比你在磨炼这项技术时的陪练更高大、更令人恐惧；还可能遇到潜伏的攻击者，比如对手是你的朋友或同事。有大量的意外事件或情况都会导致你陷入身体警戒反应状态。你要知道，即使你已经将许多状况纳入了日常的训练，但是依然有可能成为这种身体自动反应的受害者。

我们也容易因视觉对威胁的感知而陷入身体警戒反应。我们对潜在威胁的视觉识别直接影响了身体警戒反应的最初阶段。例如，如果我们的日常社会关系一般不包括其他族裔或社会地位与我们差别较大的人群，那么仅仅是接触到来自这些群体中的攻击者就足以让你启动身体警戒反应。假设你在城镇的一个常规的场地训练。你的教练和同学大都是和你一样温和善良的人。你的训练内容包括了防御各种初级攻击时身体警戒反应的控制。通过多年的训练，你对处理这些自动身体反应的能力产生了虚假的安全感。这种虚假的安全感最终只会误导你，使你认为自己可以在几乎不受这些反应影响的情况下成功进行自卫。只需在对抗中添加一个来自不同种族或穿着"帮派"服装的攻击者的视觉刺激，你的身体警戒反应就会被激活，你会深陷其中。上述例子里，引入未经适应的元素都导致了身体警戒反应的激活。在实际自卫情况下，任何人都可能受此影响。接受这一观点，并将其应用到训练中。你应该坚守务实的自卫原则，而不是尽量多地学习武术学校所教授的神话般的技术。

战术意识

对许多武者来说，让他们理解并建立避免激活身体警戒反应陷阱的思维非常困难。有些人可能已经花了多年的时间接受了教条的训练系统，这些自卫技巧在应用方面是不现实的。他们的生活经验可能从未包括参与过真正的街头斗殴。经过多年的武术训练，在各种颜色腰带的加持之下，他们无法看到自己的错误。当面对一个看似复杂的自卫技巧时，问问自己，你能在压力下施展此项技术吗？你能在经历身体警戒反应时执行这项技术吗？你能在因全身肌肉紧张而反应迟钝时施展这项技术吗？你能在场地这个受控环境下以实战速度施展这项技术吗，在街头这个不确定的环境中呢？你能考虑到可能导致你身体警戒反应水平升高的许多未知、未经适应的因素吗？花些时间思考这些问题。分析一下你所学会的自卫技术，确定在你遭遇实际攻击时它们是否适用于自卫。请记住，培养实战导向的战术意识需要你对自己既定体系的训练方法提出疑问。[15] 具有战术意识的武者知道他们在街头斗殴时会受到击打，所以他们了解并针对这些突发状况进行训练。他们训练自己使用那些粗犷且有效的运动技巧，迅速地取得效果。他们

---

⑮ 康斯坦丁（Consterdine）的《街头智慧》（*Streetwise*），第 203 ~ 240 页。

的训练以实战为核心，应用多层次的知识以确保实战效果。具有战术意识的武者将他们在实战压力下出现的可预知反应纳入训练。他们不会陷入虚假的安全感，因为他们明白，身体警戒反应就像墨菲定律⑯一样——越怕发生就越会发生。

东方视角

本书的大部分内容关注的是将东方思想、理论和概念代入西方视角进行审视。但是在探究身体警戒反应理论时，情况正好相反。我们将从东方的视角研究行为心理学的这一分支，以确保武者可以利用这其中关联的能量系统。

我们知道塞利博士的研究引导了现在人们所熟知的身体警戒反应理念的形成。这项研究对于传统中医学理论虽然并不适用，但在应激情况下发生的反应可以应用于该体系。我们将与身体警戒反应相关的每一种生理变化应用于中医理论的人体功能模型中。

让我们看看在能量层面血压升高和心率增大的意义。当身体意识到潜在威胁时，它开始激活身体警戒反应。心经接收到额外的能量冲击，升高了该器官的正常能量水平。这额外的能量来自奇经八脉系统，即"人体电池"。心脏获得的额外能量导致心脏的泵动速率加快并使血压升高。随着额外的能量被送到肺经，呼吸速率也会增加。随着卫气或能量被释放入身体中，肌张力增加，肌肉紧绷起来，供养皮肤的毛细血管内的血液流速开始减慢。这是金属性经络的另一功能。塞利观察到消化器官的功能弱化，这标志着能量系统减少了大肠经、膀胱经、肾经、肝经、胆经、胃经、脾经和小肠经的能量。能量被释放入大脑，导致了视野狭窄、时间感觉受损和听觉排斥。所有这些能量反应都源自奇经八脉，理解这

---

⑯ 墨菲定律——如果有什么可能出错，那么它就一定会出错。

一点将在我们学习攻击该系统的方法时起到重要作用。[17]

考虑到脏腑具有五行属性，我们可以从人体功能模型中观察身体警戒反应的影响。我们可以观察到，与金和火属性相关的经络的能量被上调，而与木、水和土属性相关的经络的能量被下调。这在表 12.1 中有所体现。

表 12.1 身体警戒反应的能量特点

土	金	水	木	火
<	>	<	<	>

这应该是发掘在实战中哪些器官最容易受到能量攻击的一个重要线索。具有木属性的脏器是否应该成为攻击的焦点？显然它们处于低于正常水平的状态。也许是土属性的器官？或者水属性的？抑或是火属性、金属性的，因为它们处于过载状态？下一章将回答这些问题。

---

[17] 作者的个人研究笔记。一些中医师已经证实了本章关于身体警戒反应能量效应的内容。这是第一次将中医的法则、理论和概念与作者的知识相结合，以检验身体警戒反应的效用。瑞克·莫尼梅克和彼得·康斯坦丁都从武术的角度研究了身体警戒反应的影响，但没有发表过任何从东方视角进行理论性研究的成果。

第十三节 首要攻击目标

有时候，人们会偶然发现真理，但大多数人只是起身匆匆走开，好像什么都没发生过。

——温斯顿·丘吉尔（Winston Churchill）

希望读者从本书前面呈现的大量信息中获得了对高阶中医内容及其在武术科学中的应用的更多理解。在前面章节中提到了三个方面的基础内容，包括奇经八脉的功能及相互作用、五行理论与十二个正经之间的关系，以及身体警戒反应。本节将连接所有这些内容，并向读者提供一个合理的解释，说明为什么某些脏腑是首要能量目标。了解哪些器官最容易受到能量干扰，会使武者制定出有针对性的训练方法，以将身体最敏感的区域作为攻击目标。这将增加他们在实战自卫情况下的成功率。实际上，通过这项研究发掘的信息已经超出了简单的自卫情况。

武术？

"武"这个字已经与"武术"相关联多年。"武术"这个词的定义是"战斗"或"与真实的战斗有关"。西方人今天所练习的绝大多数武艺与实战毫不相关。从本书中能获取的知识将使武者能够理解如何让对手受到致命伤害。它极其负责地将"真实的战斗"重新融入武术，因此武者不能轻率地使用书内所分享的知识。这些知识仅仅适用于"生死攸关"的情况。最初的《白鹤拳论》是为了训练战士进行徒手格斗而编写的。[①] 这本书中呈现的信息为阅读者提供了数千年积累的知识——在实战中如何迅速击败对手。一旦真的弄懂了这些信息，就很容易"调和"这些知识，使其仅用于低强度的自卫。但如果置身于必须击倒对手的情况下，这些知识则显得极其宝贵。如何通过攻击身体的敏感器官来实现有效击打、如何通过关闭能量系统来抵御这些攻击都是严肃的课题，应该被高度重视。

奇经八脉和十二正经穴位的五行属性

奇经八脉不像十二正经那样与五行理论有直接的关联。十二正经基本上可分为五组，每组都具有阴阳两个方面。[②] 比较特别的是火属性的正经，它有两对相关脏腑。肝经和胆经是木属性的阴阳两经，肾经和膀胱经是水属性的阴阳两经，肺经和大肠经是金属性的阴阳两经，脾经和胃经是土属性的阴阳两经，心经和小肠经是火属性的阴阳两经。此外，心包经和三焦经也是火属性的。[③] 表 13.1 说明了这些关联。

表 13.1 十二正经的阴阳及五行属性

属性	土	金	水	木	火
阴	脾经	肺经	肾经	肝经	心经 心包经
阳	胃经	大肠经	膀胱经	胆经	小肠经 三焦经

我们需要花时间思考一下传统中医中关于心包经和心脏本身功能的内容。根据中医基础理论，心包与心脏密切相关，心包的功能是作

---

① 麦卡锡（McCarthy）的《空手道圣经：白鹤拳论》，第 107 ~ 111 页。书中介绍了一些关于中国武术中点穴技术发展的历史记载。

② 请参阅第九节以获取有关五行理论的更多信息。

③ 松本（Matsumoto）和伯奇（Birch）的《五行与十天干》（*Five Elements and Ten Stems*），第 53 页。

为心肌的外部覆盖物，保护心脏免受能量波动的影响。④ 因此，作为"心脏保护者"，心包对武者来说是很重要的。从能量角度来看，心脏和心包应被视为一个整体，特别是在处理各种搏击技术所带来的破坏性能量时，不像在传统中医的治疗方面那样将两者分开而论。

现在，我们将根据它们的五行特质，分解所有奇经八脉与十二经脉的交会穴位，这将揭示出一些有趣的结论（表 13.2）。

表 13.2 按照五行属性归纳的奇经八脉与十二正经交会穴

土		金		水		木		火			
阴	阳	阴	阳	阴	阳	阴	阳	阴		阳	
SP-13 府舍	ST-1 承泣	LU 手太阴肺经无交会穴	LI-14 臂臑	KI-6 照海	BL-1 睛明	LR-13 章门	GB-13 本神	HT 手少阴心经无交会穴	PC 手厥阴心包经无交会穴	SI-10 臑俞	TE-13 臑会
SP-15 大横	ST-3 巨髎		LI-15 肩髃	KI-8 交信	BL-12 风门	LR-14 期门	GB-14 阳白				TE-15 天髎
SP-16 腹哀	ST-4 地仓		LI-16 巨骨	KI-9 筑宾	BL-59 跗阳		GB-15 头临泣				
	ST-8 头维			KI-11 横骨	BL-61 仆参		GB-16 目窗				
	ST-9 人迎			KI-21 幽门	BL-62 申脉		GB-17 正营				
	ST-12 缺盆				BL-63 金门		GB-18 承灵				
	ST-30 气冲						GB-19 脑空				
							GB-20 风池				
							GB-21 肩井				
							GB-26 带脉				
							GB-27 五枢				
							GB-28 维道				
							GB-29 居髎				
							GB-35 阳交				

④ 马乔恰（Maciocia）的《中医学基础》（*The Foundations of Chinese Medicine*），第 103～104 页。

表 13.2 显示，胆经在与奇经八脉的能量交换中发挥着最重要的作用。值得注意的是，胆经与奇经八脉有 14 个交会穴，这是十二正经中最多的。胆经被称为"中正之官"，因为中国古人认为它调节所有其他阳性脏腑（胃、大肠、膀胱和小肠）。从西方的角度来看，胆囊储存肝脏产生的胆汁，然后将之释放到小肠中以帮助消化。在功能上，胆囊和肝脏在消化系统中紧密相连。如果肝脏无法正常分泌胆汁，胆囊将受到影响。同样，如果胆囊没有正确释放或储存胆汁，那么肝脏也会受到影响。通过胆经和肝经的阴阳络属关系，奇经八脉可以迅速调整这两个器官的能量不平衡。胆经与肝经在其内部循行上互相连接，这体现在肝脏只在 2 个穴位与奇经八脉相交，即章门与期门。奇经八脉主要是通过这 2 个穴位调整肝脏的能量水平，并通过与胆经交会的所有穴位来辅助完成。因此胆经可以帮助肝脏迅速进行能量的调整。

在一些点穴研讨会上，很多参训学员在胆经遭受击打时会感到强烈的眩晕或直接昏倒，部分原因是该经络处在身体外侧，很容易被击打到。那些主持研讨会的人知道胆经与木属性相关。通过对五行相克循环中其他两个属性施加控制与破坏，眩晕或昏倒的情况就经常会发生。当对手使用格挡、拨挡或其他技巧时，其手臂上的火和金属性的经络会被激活。这通常会让对手空门大开，暴露胆经上的攻击目标。当你的一次攻击完成了五行相克循环中的 3 个步骤，对手会受到震慑或昏迷。以这种五行相克的方式执行对胆经的攻击，从人体能量角度来说相对安全。其中一个主要原因是奇经八脉与胆经相互连接，击打所造成的人体失衡会迅速得到纠正，被击打者最终会恢复正常状态。

与土属性相关的经络与奇经八脉的交会穴在数量上排名第二。胃经与奇经八脉的交会穴总共有 7 个，分别是承泣、巨髎、地仓、头维、人迎、缺盆和气冲。这些穴位使得奇经八脉可以纠正胃经的能量失衡。与胃经相表里的脾经在府舍、大横和腹哀处与奇经八脉连接。这使得奇经八脉可以直接纠正脾经的能量不平衡，但仅限于通过这 3 个穴位来实现。然而就如同胆经和肝经的关系一样，脾经也可通过与其相表里的胃经来调整脾脏的能量水平。

与水属性相关的膀胱经与奇经八脉的交会穴在数量上排名第三。它在睛明、风门、跗阳、仆参、申脉和金门处与奇经八脉交会。水属性中与膀胱经相表里的阴经是肾经。肾经与奇经八脉的交会穴包括照海、交信、筑宾、横骨和幽门。通过这些连接，奇经八脉可以纠正这两个经络间的能量失衡。在中医学理论中肾脏极其重要，相对于其他阴性的脏器，肾脏的能量的调整速度是最快的。

表 13.3 显示，绝大多数奇经八脉与十二正经之间的交会穴都与属阳的经络有关。

表 13.3 按照阴阳划分五行属性归纳的奇经八脉交会穴

五行	土	金	水	木	火	
穴位（阳）	ST-1 承泣	LI-14 臂臑	BL-1 睛明	GB-13 本神	SI-10 臑俞	TE-13 臑会
	ST-3 巨髎	LI-15 肩髃	BL-12 风门	GB-14 阳白		TE-15 天髎
	ST-4 地仓	LI-16 巨骨	BL-59 跗阳	GB-15 头临泣		
	ST-8 头维		BL-61 仆参	GB-16 目窗		
	ST-9 人迎		BL-62 申脉	GB-17 正营		
	ST-12 缺盆		BL-63 金门	GB-18 承灵		
	ST-30 气冲			GB-19 脑空		
				GB-20 风池		
				GB-21 肩井		
				GB-26 带脉		
				GB-27 五枢		
				GB-28 维道		
				GB-29 居髎		
				GB-35 阳交		
穴位（阴）	SP-13 府舍	LU 手太阴肺经无交会穴	KI-6 照海	LR-13 章门	HT 手少阴心经无交会穴	PC 手厥阴心包经无交会穴
	SP-15 大横		KI-8 交信	LR-14 期门		
	SP-16 腹哀		KI-9 筑宾			
			KI-11 横骨			
			KI-21 幽门			

从能量角度来看，这提示我们潜在的攻击目标，与更为敏感的阴性的脏器相比，属阳的经络可以更快地纠正击打造成的能量失衡。从治疗角度来看，其也可以快速纠正各种疾病造成的能量失衡。此观点也得到了中医中关于阳经理论的支持。阳经往往比阴经更为坚韧，这意味着它们在能量上可以承受更多的伤害。

表 13.3 还清楚地展示了，与奇经八脉交会的穴位中，络属阴经的只有 10 个，而络属阳经的却有 33 个。脾经有 3 个交会穴。肾经上的交会穴是最多的，有 5 个。肝经只有 2 个交会穴。与金属性相关的肺经与奇经八脉没有交会穴。同样，与火属性相关的心经和心包经与奇经八脉也没有交会穴。

综上所述，可以通过简单的排除法确定人体中能量敏感度最高的器官是心脏和肺部。心包被认为是心脏的一部分，基本上被视为该器官的延伸。从表 13.3 可以明显看出，肺经与奇经八脉没有直接联系，但可以通过相关的大肠经调整其能量水平。大肠经与奇经八脉只有 3 个交会点，比起与水（肾）、土（脾）和木（肝）有关的脏器，奇经八脉在调整肺经能量水平时速度要慢得多。因此与和金（肺）、火（心、心包）属性有关的经络相比，另外 3 条阴经和与它们相络属的脏器调整能量水平的速度非常快。肺经还从我们呼吸的空气中吸取能量，中医称之为"宗气"。当心脏功能正常时，身体可以获得充足的"宗气"，因此正常情况下并不需要持续快速地调整肺经的能量水平。肺经所需的任何微调都是通过相关的阳性金属性经络，即大肠经进行的。⑤

心包经与奇经八脉没有交会穴，它是通过三焦经在臑会和天髎处调整能量水平的。同样，心经与奇经八脉也没有交会穴，它是通过小肠经调整能量水平的，小肠经是火属性中与其相表里的阳经。

上述提到的所有穴位都是双侧的，这意味着它们同时存在于身体

---

⑤ 杨俊敏（Jwing-Ming Yang）的《易筋经与洗髓经》（*Muscle/Tendon Changing & Marrow/Brain Washing Chi Kung*），第 191 页。

的两侧。表 13.4 表示奇经八脉与十二正经双侧交会穴的数量。

表 13.4 奇经八脉与十二正经双侧交会穴数量表

土		金		水		木		火			
阴	阳	阴	阳	阴	阳	阴	阳	阴	阴	阳	阳
SP 脾经	ST 胃经	LU 肺经	LI 大肠经	KI 肾经	BL 膀胱经	LR 肝经	GB 胆经	HT 心经	PC 心包经	SI 小肠经	TE 三焦经
6	14	0	6	10	12	4	28	0	0	2	4

　　这说明十二正经与奇经八脉有众多交会穴。十二正经都是双侧循行的，因此在特定的五行相关的经络中可以用来"封闭能量"的潜在目标穴位的数量多到惊人。从武术的角度来看，这也提示了哪些五行相关的能量经络最有可能成为攻击目标。我们可以通过开发一个概率模型来确定哪些五行属性的经络更容易受到能量干扰。在这个模型中，我们寻找能够连接到奇经八脉最少的经络。那些具有较少交会穴数量的经络在武术上具有更高的价值。奇经八脉与十二正经交会在 86 个点上——表 13.4 中穴位的总数。其中 37% 的穴位与木属性相关，包括肝经和胆经的穴位；26% 与水属性相关，这些是肾经和膀胱经的穴位；23% 与土属性相关，包括脾经和胃经的穴位；剩下的金属性和火属性相关的穴位各占 7%。这在表 13.5 中有更详细的分解，包括它们的阴阳属性。

表 13.5 按五行与阴阳划分的奇经八脉与十二正经交会穴位数量及所占百分比

五行	极性	经脉	交会穴位数	百分比
土	阴	SP 脾经	6	7%
	阳	ST 胃经	14	16%
金	阴	LU 肺经	0	0%
	阳	LI 大肠经	6	7%
水	阴	KI 肾经	10	12%
	阳	BL 膀胱经	12	14%
木	阴	LR 肝经	4	5%
	阳	GB 胆经	28	32%
火	阴	HT 心经	0	0%
	阳	SI 小肠经	2	2%
	阴	PC 心包经	0	0%
	阳	TE 三焦经	4	5%

　　根据进一步细化阴性穴位和阳性穴位的表 13.6，可以看出哪些攻击目标纠正能量失衡的能力更弱。

表 13.6 按五行与阴阳划分的奇经八脉与十二正经交会穴数量及所占百分比

五行	极性	经脉	交会穴位数	百分比	极性百分比	极性内部百分比
土	阴	SP 脾经	6	7%	24%	30%
	阳	ST 胃经	14	16%	76%	21%
金	阴	LU 肺经	0	0%	24%	0%
	阳	LI 大肠经	6	7%	76%	9%
水	阴	KI 肾经	10	12%	24%	50%
	阳	BL 膀胱经	12	14%	76%	18%
木	阴	LR 肝经	4	5%	23%	20%
	阳	GB 胆经	28	32%	77%	42%

（续表）

五行	极性	经脉	交会穴位数	百分比	极性百分比	极性内部百分比
火	阴	HT 心经	0	0%	24%	0%
	阳	SI 小肠经	2	2%	76%	3%
	阴	PC 心包经	0	0%	24%	0%
	阳	TE 三焦经	4	5%	76%	6%

表 13.6 清楚地显示，在纠正能量失衡方面，那些相对敏感的阴属性的脏不如阳属性的腑有调节能力。与所有奇经八脉相连接的穴位中，大约 77% 与阳性的腑器官相关，只有 23% 与更敏感的阴性脏器相关。在阴性脏器中，肾经与 50% 的阴性穴位相连接，脾经与 30% 的阴性穴位相连接，肝经与 20% 的阴性穴位相连接，肺经、心经和心包经与奇经八脉没有直接的连接。这意味着肺经、心经、心包经 3 条经络在概率上最容易受到能量的干扰，这对武者实战来说非常重要 [6]。

首要攻击目标

从上文的内容分析可知，从能量层面来说，在实战中，心经是首要的攻击目标。这也符合西方的观点，但作为武者，我们通常不考虑直接攻击心脏。人体解剖学表明心脏是五脏六腑中最受保护的器官。它位于肋骨下方，这个位置可以使它免受强烈的击打。西方医学视角下，我们产生了这样的思维定式：只能通过直接击打心脏所在的胸部区域，该器官才能受到攻击。正如前面提到的，通过对身体中线上膻中进行强力击打，也可能干扰心脏的跳动。此外，受到极其猛烈的击打时，肋骨也可能会被打断，断裂的骨片可能会穿透心肌或割断动脉

---

[6] 值得注意的是，督脉和任脉确实与大多数主要经络直接相连，但这些连接在调整与脏腑相关的能量失衡方面只起到辅助作用。即使督脉和任脉也没有直接连接到肺经、心经和心包经。心包经和心经的募穴位于督脉上，但这些穴位更多是用于疾病的中医诊断，不是能反映出能量交换的穴位。

与静脉，从而导致死亡。但考虑到心脏被各种身体组织保护的情况，要直接瞄准其解剖学位置进行攻击几乎是不可能达到这种效果的。

中医对心脏的看法与西方医学不同。中医经典《素问》中提到，"心者，君主之官"，因为古人相信心脏可以调整其他所有器官。同样，其他器官也会对心脏造成影响，但当体内的其他器官发生极端能量失衡时，心脏也能更好地抵抗这些干扰。中医认为心包是"心的护卫者"，当心包和心脏整合在一起时，它们组成了一个完整的功能单元，而不是两个单独的实体器官，心包的功能是保护心脏免受严重的能量波动和失衡的影响。正如心脏在解剖学上是所有脏器中受到最好保护的，它在能量层面上也被保护得最好。著名的武术家、作家杨俊敏曾经说过，心脏和心包是人体中最重要的两个器官。由于它们非常重要，所以与其他器官相比，它们的能量水平必须非常精确。[7] 他的结论有助于验证本书的内容。杨俊敏还指出，如果心脏和心包与正经直接相连，当身体对紧急情况做出反应时，过多的气可能涌入其中，导致这两个关键脏器发生严重的功能失调。已故的厄尔·蒙特奎强调了心经在点穴技术中的重要性。他曾说，大多数点穴攻击会以某种方式影响心脏，进而削弱身体。[8] "削弱"这个术语不应被理解为让某个器官在能量上变得不足，而应被理解为导致身体发生能量失衡。

迄今为止呈现的研究表明，从能量角度来说，心脏是首要攻击目标。接下来要回答的问题是：从实战的角度来看，心脏处于何种能量状态时最容易达成攻击效果，是在它的能量不足时攻击更好，还是在它能量溢出时攻击更好？为了回答这个问题，我们需要复习一下前文中所学到的有关五行体质的知识，还需要研究之前学到的关于身体警戒反应的内容。

---

[7] 杨俊敏（Jwing-Ming Yang）的《易筋经与洗髓经》（*Muscle/Tendon Changing & Marrow/Brain Washing Chi Kung*），第 191 页。

[8] 蒙特奎（Montaigue）的《高阶点穴术》（*Advanced Dim-Mak*），第 114 页。

各种体质类型

我们在第九节讨论了基于传统中医五行理论的 5 种基本体质类型，并举例说明了每种类型所具有的特征。木型人与高大瘦长的篮球运动员类比，土型人与更为健壮的橄榄球运动员类比，金型人与马拉松长跑运动员类比，火型人与头发稀疏、脾气暴躁的人类比，水型人与体态柔软、较胖的商人类比。现在你可以去公共场所观察四周走动的人。我过去经常在商场、体育馆等进行这个练习。你将会注意到一些人会表现出与各个五行体质类型相关的特征。此外，你还将观察到有很多人，确切来说是大多数人，他们所表现出的大部分特征属于某个五行类型，但同时也会表现出另一个五行类型的强烈特征。比如土型人表现出火型体质的特征，木型人表现出金型体质的特征。各种各样的组合无所不包。过一段时间，你会问自己："我怎么可能记住这么多信息去有效地对抗所有人。"实际上你并不需要这样做。让我们来看一个基础五行体质类型的简化模型。">"表示能量过剩，">>"表示能量溢出。"<"表示能量不足，"<<"表示能量处于高度缺乏的状态，"—"表示能量平衡。

表 13.7 说明了木型体质个体的基本能量特质。其中水属性的经络，即肾经和膀胱经，能量过剩。这将导致木属性的经络，即肝经和胆经，出现能量溢出。因为水生木，所以水属性的经络滋养木属性的经络。因此需要注意五行相生循环。考虑到木生火，木属性的经络滋养火属性的经络，它们（火属性的经络）可以被预估或保持平衡。与其他五行相比，土属性的经络将保持能量平衡状态。金属性的经络将出现能量不足的状态，这是因为它们要克制木属性经络的能量水平。请参考五行相克循环以获取有关此过程的详细内容。金属性的经络能量较低，无法有效克制木属性的经络。这种情况将导致个体在胎儿阶段发育时木属性的经络出现能量过剩，从而形成天生木型体质。

表 13.7　木型体质能量特质

土	金	水	木	火
—	<	>	>>	>

表 13.8 展示了火型体质个体的基本能量特质。木属性的经络，即肝经和胆经，将处于能量过剩状态。这是由于它们在五行相生循环中向火属性的经络提供能量。木属性的经络往往对火属性的经络供应过多的能量，导致火属性的经络能量溢出。火属性的经络内多余的能量继续按照相生循环流向土属性的经络。与其他五行相比，金属性经络的能量保持平衡。根据相克理论，水属性的经络将处于能量不足状态。因此个体形成火型体质。

表 13.8　火型体质能量特质

土	金	水	木	火
>	—	<	>	>>

表 13.9 展示了土型体质个体的基本能量特质。火属性的经络，即心经、小肠经、心包经和三焦经，都将处于能量过剩状态。而且因为火生土，它们对土属性的经络过度滋养，导致了土属性经络能量的溢出。参照五行相克循环，木属性的经络克制土属性的经络。因为它们不能有效克制土属性经络的能量，所以木属性经络内的能量一定是不足的。与其他五行属性相比，水属性经络的能量是保持平衡的。

表 13.9　土型体质能量特质

土	金	水	木	火
>>	>	—	<	>

表 13.10 表明金型体质个体的基本能量特质。根据生化规律，土

生金，所以土属性的经络处于能量过剩的状态。同时因为金生水，所以金属性经络内亢盛的能量会溢出到水属性的经络中，并导致其能量过剩。与其他五行属性相比，木属性经络的能量是保持平衡的。由于火属性的经络不能有效克制土属性的经络，所以火属性经络处于能量不足的状态。因此个体形成金型体质。

表 13.10 金型体质能量特质

土	金	水	木	火
>	>>	>	—	<

表 13.11 表明水型体质个体的基本能量特质。根据生化规律，金生水，所以金属性的经络处于能量过剩的状态。同时因为水生木，所以水属性经络内能量会溢出到木属性经络中，并导致其能量过剩。与其他五行属性相比，火属性经络的能量是保持平衡的。由于土属性的经络不能有效克制水属性的经络，所以土属性经络处于能量不足的状态。因此个体形成水型体质。

表 13.11 水型体质能量特质

土	金	水	木	火
<	>	>>	>	—

现在尽可能多地想一下五行体质特征组合。如果一个土型体质的个体具有强烈的金型体质特征，那么他的能量特质是什么？如果一个木型体质的个体表现出火型体质的特征，他的能量特质又会是什么样？这些组合的可能性无穷无尽，使武者无法在格斗中有效地利用这些信息。有太多的组合需要记住，有太多处于不同能量状态的经络可以作为攻击目标。这些情况在实战中会令人抓狂！

解决这一切的关键在于理解第十二节中关于身体警戒反应的内

容，并弄清楚如何应用。请记住，身体警戒反应不仅对你有影响，对你的对手也有同样的影响。在一次激烈的对抗中，对手也会经历与你相同的身体能量变化。就像你一样，对手也无法自控。与身体警戒反应相关的应激反应对所有人来说都是一样的。人类面对潜在伤害的应激驱动了身体内部的自动反应，无人能避免，当然也包括那些具有侵略性的对手。我们现在将展示身体警戒反应期间发生的基本能量的变化，其中的符号所表示的意思与上文提到的五型体质表格中符号的意思一致。

表 13.12 阐明了发生身体警戒反应时体内的能量变化。首先，让我们从能量层面看看血压和心率升高的含义。当身体识别到潜在威胁时，它开始进入身体警戒反应状态。心经会受到额外能量的刺激，从而提高该器官的正常能量水平。这额外的能量刺激来自奇经八脉系统，即我们一致强调的"人体电池"。心脏获得的额外能量导致心跳加快和血压升高。同时因为额外能量被注入到肺经中，呼吸频率也会随之增加。随着具有防御性的气（能量）传递至身体各处，肌肉会绷紧，供养皮肤的毛细血管内的血液流速会减缓。塞利观察到，此时消化器官的功能也会减弱，这意味着能量系统减少了对于大肠、膀胱、肾、肝、胆囊、胃、脾脏和小肠等经络的能量供应。考虑到这些脏腑具有五行特质，我们可以从这一模型中研究身体警戒反应的效应。我们看到，火属性和金属性经络的能量水平在此时升高，而木、水和土属性经络的能量水平降低了。这些能量水平的波动与个体在正常情况下的状态相比是更激进的。这是因为在发生身体警戒反应时，各种身体功能需要以迅猛的方式启动。

表 13.12　身体警戒反应的能量特质

土	金	水	木	火
<<	>>	<<	<<	>>

表 13.13 将阐明五行体质的人在发生身体警戒反应时基本能量特质的变化。表格中的符号所表示的意思与前面的表格一样。

表 13.13 有些令人费解。它展示了正常能量状态下的五行体质在受到身体警戒反应影响后产生的变化。例如，土型体质的正常能量状态为土属性经络能量溢出、金属性经络能量过剩、水属性经络能量平衡、木属性经络能量匮乏、火属性经络能量过剩（这在表 13.9 中有所展示）。

当身体警戒反应期间产生的能量变化施加于正常能量状态的土型体质时，土属性经络的能量将下降到平衡状态；金属性经络的能量将攀升至亢盛状态；水属性经络的能量下降到不足状态；木属性经络的能量下降到高度不足的状态；火属性经络的能量上升到极度亢盛的状态。相同的描述适用于其他每种五行体质。接下来的表格清晰地说明五行体质在身体警戒反应期间的能量变化。

表 13.13 发生身体警戒反应时五行体质的能量特点

五行体质	土	金	水	木	火
身体警戒反应（BAR）时的能量变化	<<	>>	<<	<<	>>
土	>>	>	—	<	>
土型 BAR	—	>>>	<<	<<<	>>>
金	>	>>	>	—	<
金型 BAR	<	>>>>	<	<<	>>
水	<	>	>>	>	—
水型 BAR	<<<	>>>	—	<	>>
木	—	<	>	>>	>
木型 BAR	<<	>	<	—	>>>
火	>	—	<	>	>>
火型 BAR	<	>>	<<<	<	>>>>

表 13.14 表明，由于身体警戒反应的影响，五行体质的每个类型的能量状态都经历了翻天覆地的变化。木型体质中的木属性经络处于能量平衡的状态。这与其正常情况下能量过剩的状态不同，这是因为在身体警戒反应期间木属性经络的能量大量涌出，使得其本身趋于平衡。同样的情况下，木型体质的土属性经络和水属性经络处于能量不足状态，金属性经络能量上升，火属性经络能量也将升高，而后者将最终处于能量极度亢盛的状态。通过查阅表格可以确定，在身体警戒反应期间，五行体质的土、水和木属性经络的能量都处于平衡、不足或高度不足的状态，而金、火属性经络的能量都处于亢盛或极度亢盛的状态。

表 13.14 身体警戒反应发生时五行体质能量变化

五行体质	土属性经络	金属性经络	水属性经络	木属性经络	火属性经络
土型体质	—	>>>	<<	<<<	>>>
金型体质	<	>>>>	<	<<	>>
水型体质	<<<	>>>	—	<	>>
木型体质	<<	>	<	—	>>>
火型体质	<	>>	<<<	<	>>>>

参照上述分析并参考身体警戒反应的能量效应，当我们面对任何对手时都可以推断出他们当时的能量状态。我们的对手体内的土、水和木属性经络将处于能量不足的状态，同时他们的金、火属性经络将处于能量亢盛或极度亢盛的状态。表 13.15 说明了对手的状态。

表 13.15 对手的基本能量特质

土	金	水	木	火
<<	>>>	<<	<<	>>>

由此可以看出，那些繁复的五行体质组合所带来的难以记忆的诸多能量特质现在可以舍弃了。通过人体警戒反应时体内的能量特点，我们建立了一种可以在实战格斗中使用的能量状态模型。当一名武者在面对一个富有侵略性的对手时，武者不必记住任何有关五行体质的内容。在面对实际战斗情况时只需要记住一种能量状态，那就是对手的木、水和土属性经络的能量处于不足的状态，而其金、火属性经络的能量处于亢盛的状态。

不足还是亢盛？

攻击心经应该选择在其能量不足时还是亢盛时？这个问题现在得到了解答。参考五行体质的能量特质与身体警戒反应对其的影响，我们得到了最后的结论。显而易见，包括心经在内的火属性经络，应该在其能量亢盛的状态下对其发起攻击。试想一下，在肺部能量亢盛的情况下对其发起攻击将会造成什么后果？这将产生什么后续影响？如果肺部过度工作，它们将迅速吸入更多的氧气。对其发起攻击将加速肺的换气功能，那它们只会吸入更多的氧气。肺部处于能量不足的状态时，身体会出现问题。如果肺部无法吸入维持正常身体功能所需的氧气，人类便会出现严重的健康问题，这也提示该器官处于能量不足的状态。肺在解剖学上分为两个部分，左右叶分别位于身体的两侧。"打爆"一个或两个肺叶的可能性非常低，而心脏是一个单体器官，在遭受损伤或运行停止的时候，它没有另外的备用器官或组织来维持生理功能，这使得心脏从能量的角度来看是击打的首要目标。此外，

《白鹤拳论》原始内容也支持在脏器能量亢盛时对其发起攻击的理论。《白鹤拳论》没有说明为什么要在这种状态下攻击器官，只是提供了一些案例与方法。本书中提供的信息解释了原委。现在唯一的未解之谜是从能量的角度来看，你要如何对心脏发起攻击。这将在下一节中得到解答。

第十四节 封气

战争需要的是致命、有效、先发制人的行动。

———彼得·康斯坦丁

我们已经确定包括心经、小肠经、心包经和三焦经在内的火属性经络是在格斗实战中最容易遭受攻击的目标。已经发掘的信息可以从实战的角度来验证火属性经络为何要作为能量攻击的首要目标，同时还可以从中发掘更多武术科学方面的细节内容。了解在实战情境中哪些五行能量是不足或过亢的知识，可以帮助武者制定他们的自卫技巧，以获得最佳效果。如果你一直想将中医理论融入个人武术风格，那么你已经在执行上文所述的这个过程了。通过东方视角来检验你的格斗技术，将会为全面增加实战技术的有效性打开一扇新的大门。比如当对手正在出拳时，对对手手臂的初始攻击将激活胆经，以便进行后续攻击。这个例子遵循了五行相克规律，首先攻击手臂上的火属性与金属性经络，随后对木属性经络进行快速跟进击打。通过这个案例可以看出，干扰五行相克中的火、金和木的能量流动，就能够相当轻松地制伏大多数对手。

通过详细考察奇经八脉，我们获得了如下信息：对手臂内侧（阴面）的击打应该与能量的流动方向一致（图 14.1），这将加剧身体警戒反应自动发生时金、火属性的经络能量亢盛的状态。同样，对手臂外侧（阳面）的击打应该与能量的流动方向相反（图 14.2），这将进一步推动它们进入能量亢盛的更高阶段。你只是简单地从对手能量不平衡的状态开始对其施加影响，增强其不平衡的状态，同时并不试图扭转任何对手已经表现出来的能量状态。简而言之，就是利用现有条件并推波助澜。遵循这个简单的规律，你将增强对手火和金属性经络能量亢盛的状态，即使这两者已经处于极高水平，同时这也进一步加剧了对手木、水和土属性经络能量短缺的情况。

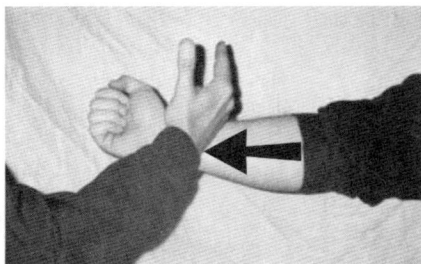

图 14.1 击打顺着前臂内部能量流动的方向

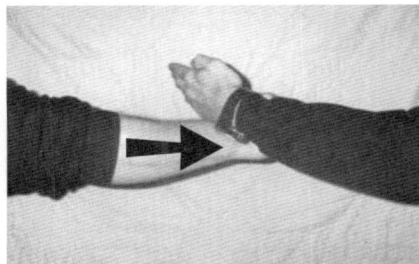

图 14.2 击打逆着前臂外部能量流动的方向

想要弄清楚如何针对五行中火属性经络进行攻击，那就必须了解奇经八脉与火属性经络交会穴的位置。通过前文我们知道以下是这些互为表里的经络与奇经八脉的交会穴（表 14.1）。

表 14.1 火属性经络与奇经八脉的交会穴

心经	小肠经	心包经	三焦经
无交会穴位	臑俞（SI-10）×2	无交会穴位	臑会（TE-13）×2 天髎（TE-15）×2

表中显示，心经与奇经八脉没有交会穴。心包经与心经密切相关，因此心包经也没有交会穴。由于心脏和心包属阴的特性，它们在能量层面极其敏感，人体可以通过与它们相表里的经络（小肠经和三焦经）对其进行精细的能量调整。这三个交会穴（臑俞、臑会和天髎）都位于奇经八脉的阳维脉上。通过三焦经，可以调整心包经的能量失衡。由于心包经和三焦经在人体经络循行中相互连接，三焦经中的能量可以由此传递至心包经。这使得奇经八脉中的阳维脉也可以对心包经进

行调整。比起那些经脉与器官直接相连的能量调整，这种能量调整的强度相对较小，也从侧面反映出心包经精细的特性。小肠经以相同的方式纠正心脏的能量不平衡，但与三焦经相比，它只有臑俞（SI-10）这一个交会穴。奇经八脉中的阳维脉通过此穴对心经和小肠经这对相表里的经络进行能量调整。心脏对能量波动的敏感程度比其他任何器官都高，因此这唯一的交会穴通过阳维脉承担了所有这些精密的能量调整。与此相比来看，胆经与奇经八脉有 14 个交会穴，这使得该经络可以快速进行能量调整。与胆经相表里的木属性的肝经只有 2 个交会穴。这总共是 16 个穴位，可以对代表人体木属性能量的胆经和肝经进行极其快速的能量调整。

这些穴位同时存在于身体的左右两侧，这对武者来说会进一步增加格斗的复杂性。如果他们想要封闭奇经八脉在火属性经络中进行能量调整的能力，他们将不得不击打全部 6 个穴位来完成这个任务。真的需要这样吗？

火属性经络的所有交会穴都与阳维脉相连接。阳维脉从足部的金门一直延伸到头部后面的风池。这条经脉同时位于身体的两侧，在风池处连接到督脉的哑门和风府。这两个穴位是阳维脉与督脉的交会穴。督脉位于身体的中线，其上的哑门和风府与阳性经络连接到"人体电池"的能力至关重要，当然这一切要通过阳维脉来完成。哑门和风府位于头背部，靠近后发际线的底部，两穴相距不到 1 寸。通过击打这两个穴位，能够极大地妨碍甚至完全阻止身体纠正心脏能量失衡的能力。

这被称为"封气"[①]或"封住能量"。请记住，在实战情况下，你对手体内的火属性经络和金属性经络处于能量异常亢盛的状态，木、水和土属性经络处于能量高度不足的状态。在这种情况下，你需要用进攻加剧这些能量失衡。可以通过初始攻击中的近身技术将你对手的

---

① 莫尼梅克（Moneymaker）的《捕手术参考手册》（*Torite-Jutsu Reference Manual*），第 81 页。

哑门和风府置于可攻击的位置。你的终结攻击要集中在这两个穴位上，它们相距不到1寸。很有可能，在受到你的终结攻击后，对手的奇经八脉无法纠正心脏的多余能量，造成心脏病发作。可以这样理解，由于人体警戒反应的自动运行，心经被奇经八脉注入的额外能量所"淹没"。这额外的能量使心经内能量亢盛至溢出，之后的攻击会加剧这种本已极度亢盛的能量状态。心脏将被溢出的能量所"淹没"，心跳速度也会明显高于正常水平。通常情况下，为了纠正这种能量亢盛的状态，身体会利用哑门和风府"排出"或"消耗"心经中存在的过多能量。通过反复击打这两个穴位，造成连接中断，无法启动正常的能量调节，结果是心经能量处于极度亢盛状态，而且这种失衡无法被纠正，可能导致心律不齐。这是对娇弱的心阴经最糟糕的能量攻击，也是最致命的攻击。心脏是身体最娇弱和重要的器官，对能量波动非常敏感。没有其他的能量攻击会对身体产生这么严重的负面影响。这种类型的攻击会造成非常严重的结果，仅应该在生死关头使用！

有很多攻击方法可以用来实施对哑门和风府的致命攻击。即使是标准点穴技巧施加于十二正经时，也可以令对手产生阴性反应。记住，阴性反应只是你的对手的肩膀前倾的姿势，这使他们处于蹲下或半站立的胎儿蜷缩式位置。对哑门和风府的终结攻击将对你的对手产生致命的效果。研究你所习练武术体系的各种自卫技术，你会发现有很多技术可以轻松地用来攻击哑门和风府。与击打风池这个点穴格斗家最喜欢的击倒技术相比，这些击打应该保留在生死关头使用。现在，你明白了攻击这些要害穴位是致命的，你的格斗能力将大幅提高。

额外的封闭攻击

遭遇战斗时情况并不总是允许将对后脑的击打作为终结攻击。想想你在实战中可能遭遇的各种各样的可能。诚然，通过做好功课、探索各种类型攻击的可能性，在许多情况下你都能发现自己正处于一个可以对哑门和风府进行击打的位置，然而，在对手被震慑后，有些攻击技术会让你出现在对手的正面，这些情况下建议击打奇经八脉与阴维脉的交会穴，即天突和廉泉。

记住我们在第七节学到的关于阴维脉的知识。我们确定了阴维脉负责将属阴的脏（心、肺、肝、肾和脾）与奇经八脉连接起来。由于心和肺的娇弱性质，它们通过与其相对应的属阳的腑连接到奇经八脉。其余的肝、肾和脾，则可以对其在阴维脉与任脉的交会穴发起能量攻击。任脉是奇经八脉系统的阴性部分。同时存在于身体两侧的阴维脉在期门、府舍、大横、腹哀和筑宾处连接到上文提到的三条阴经。记住，比起属火的心经与属金的肺经，此三经与奇经八脉的连接更为紧密。这使得以关闭阴维脉纠正肝经、脾经和肾经能量失衡的能力为目的的击打成为了次要目标。

阴维脉与任脉在天突和廉泉处相连。与哑门和风府一样，这些点在解剖位置上非常接近，通常对一个穴位发起强力攻击也会击打到另一个穴位。击打天突和廉泉将抑制奇经八脉纠正这三条经络的能量不足状态的能力。从人体解剖学的角度来看，击打这些穴位还可能会攻击到气管，可能会击碎它，这可能会导致死亡。再次强调，与心经相比，对肝经、脾经和肾经的攻击是次要选择。

总结：“封气”的应用

本节内容是具有明显实战性质的。在现实世界中，只有在极端情况下，比如生死存亡之际，才应该使用这些穴位攻击的技术。这些信息具有极端的“搏击性”，不应与低强度的点穴格斗混淆。那这些穴位攻击技术是否有效呢？我虽然不能百分之百确定每一次都会奏效，但请考虑以下情况：遵循传统中医的规则、理论和概念的技术是否能轻松地击倒对手？是的。但前提是你曾经体验过它们或接受过正规教练的培训。是否可以借点穴技术来更好地操纵对手的关节，比起非点穴手段的关节技，让对手感到更为疼痛和不适？是的。是否很多种类近战格斗体系的技术都在传授如何攻击身体的脆弱节点，以试图击倒对手？是的，对哑门、风府和天突、廉泉的击打已经让很多人在徒手格斗中失利甚至丧命。本书中提供的信息是否遵循传统中医的规则、理论和概念？是的。从理论上讲，前文中向读者呈现的所有内容都是真实有效的，这些经过检验的内容都包含在《白鹤拳论》的原始内容之中。单单那部古老的文献就表明，在搏斗情况下攻击这些穴位是致命的。那些不理解这些思想基础的人能否确定数百年间积累的武学知识的有效性呢？他们本不应该，但许多人确实这么做了。那些选择相信并理解传统中医武术科学的武者将会理解这一研究的重要性。这群具有前瞻性思维的个体应该被视为真正武术知识的传承者，不应与那些商业化程度过高的"彩带工厂"（指不同段位的彩色腰带）生产出的"产品"相混淆。通过研究和相互交流，他们将引领西方武术进入一个新时代。他们将"武"重新融入"术"中，这是武术界长期以来缺失的东西。

第十五节 防御

最好的防御是出色的进攻。

——杰克·邓普西（Jack Dempsey）

　　"最好的防御是出色的进攻"这句古谚语常常在人类活动（如军事战术、商业策略）中被引用，当然也包括这里所谈及的徒手格斗。这句话通常被认为出自杰克·邓普西这位 1919 年至 1926 年间的重量级拳击冠军，但这种核心思想已经以不同形式传播了几个世纪。著有经典之作《战争论》的卡尔·冯·克劳塞维茨（Carl Von Clausewitz）曾说："最好的防御形式是进攻。"乔治·S.巴顿（George S. Patton）将军以其极端的攻击性和对敌人的无情追击而著称，他曾说："成功的防御是不存在的。"这些伟大的拳击手、战略家和军事家想要通过他们的话语传达什么信息呢？从字面意义上理解，他们的思想显而易见，但当这一概念应用于实战对抗时，就变得相当复杂了。

　　在街斗等实战情境中，技术的施展并不是非黑即白的，不总是那么容易地在施展第一个技巧时就能制伏对手来结束对抗，可能会在攻击性技巧与防御性技巧之间反复转换。这取决于参与对抗的双方所练习的战斗技巧，并且这将持续几个周期循环。据说，对于未受过训练的对手，你可能会在第一次击打时就将其击倒；对于大多数训练有素的对手则需要 2 轮攻击才能获胜；而面对出色的武者，则可能需要 3 次或更多次的攻击才能达到目的。需要明确的是，这不是指体育竞技，而是指生死攸关的战斗。在体育比赛中，你通常会看到参赛选手在可控环境中运用策略和战术进行长时间的交锋，而这与在黑暗的停车场遭遇突然袭击或进行生死搏斗的情况截然不同。

纯粹的防御，正如我们之前引用的名言中所提到的，不会带来有利的结果。但这都只是纸面上的文字游戏，打斗就仅仅是攻击吗？在我看来并非如此。我认为可以理解为战斗技术的动态关系，并且通过前期训练弥补行动与反应之间的差距。基本上，行动始终比反应快。因此，进攻者往往主导了战斗，他们通过一招接一招的格斗技术来压迫对手，旨在突破对手发起的任何防御技巧。在这类对抗中，最终确定哪一方获胜，往往都是一瞬间的事情。这就是行动与反应之间的差距：进攻者行动，防守者反应。军事历史中胜利的进攻者与胜利的防守者相比数量极不平衡。在体育比赛、搏击竞赛和跨国商业竞争中，常常出现相同的现象。当然，这种现象也涉及很多其他领域。

那么，在统计中我们发现"防守者往往会失利"这一结论时，我们如何有效地保护自己呢？方法是建立一种意识，即在受到攻击后立即进行反击。这种反击必须是凶猛且毫不妥协的。如果有人向你出拳或以其他方式向你发动攻击，你将在一瞬间被推向行动与反应之间的弱势一边。获胜的最佳机会是避开、偏转或以其他方式抵消攻击，然后立即进行凶猛的反击。如果操作得当，这将使你的对手进入一种反应性状态，而不是行动状态。逆袭并顺势成为进攻者，在于有效地理解防御情境的概念。利用这种方法，你将处于更有利的位置，并取得胜利。邓普西、克劳塞维茨和巴顿都会同意这一观点。

人类是非常暴力的生物。作为一个物种，我们有很大的极端暴力潜能。事实上，探讨徒手搏击或任何形式的格斗，都涉及完全极端的暴力领域。在体育比赛中，虽然站在擂台或比赛场上面对真实的对手，但这些比赛仍然是技巧对技巧的较量，缺乏街头实战中遇到的生存因素。普通人几乎很少，甚至从不思考这一问题，许多人认为各种体育竞技已经是人类的巅峰对抗。然而，事实并非如此。发现自己陷入一场生死搏斗——对手有完全的决心要终结你的生命，才是所面临的最危急的情况。在当今社会要理解这些知识需要有一定的勇气。我们已经习惯了公平竞争的体育精神，这是美好的理念，它在各种比赛中发挥着积极作用。那么，在没有公平竞争的体育精神的情况下，你会如何反应？如果有人在停车场从你背后袭击，将你击倒在地，然后继续殴打你，没有裁判员来阻止，那么这个人的体育精神会让他停止对你施暴吗？那么规则呢？最初他从背后袭击你，这是你最不可能预料到的遇袭方式，这公平吗？他在你毫无防守之力地躺在地上的时候，继续殴打你，这公平吗？他会继续对你施暴，直到他自己决定停下来。请记住，街头或战场上没有裁判员，只有赢家和输家。赢家生存下来，输家则不能，这就是残酷的真相。因此，如果你从未考虑过这一点，请花时间认真思考，希望你能认识到这个真相。

　　当我听到武术教练告诫他们的学生，"这是一门防御的艺术""在这门武艺中没有第一击进攻"或"我们尊重对手"时，我不禁摇头："真的是这样吗？"事实很简单，如果有人攻击你，意图给你造成身体伤害或要置你于死地，那么就没有必要尊重这个人，你应该在情况允许的范围内尽可能快速、高效地制止他。如果你发现对手的肩膀开始动了，这预示着他将击出一拳，你应当优先发起攻击。当你审视反应与行动的法则，以及众多的科学研究时，你应该清楚地明白，如果你专注于防御，那么你总会落后于你的对手，从统计学上看，你有很大概率会失败。这也是宇宙的运行法则，我们不能逃避这些法则，也不能寄希望于这些法则会消失。我们生活在一个做出行为必有后果的社会，正如因果法则那样，根据所掌握的知识，了解在冲突发生时身体的自发反应水平至关重要。当你在酒吧面对想攻击你的醉鬼时，你应该采用多大程度的侵略性来应对？当你在停车场里面对一群突然出现的劫匪或暴徒时，你应该采取何种级别的侵略性攻击？我加上这两种极端情况，是因为比起置身于战场前线的战壕中，你更有可能面对这其中的一种情况，陷入一场生死攸关的战斗。你应该了解执法人员所学的暴力连续体（force continuum）吗？（译者注：这个 20 世纪 80 年代后期开始出现的概念，如今已经被美国警察机构普遍采用。"暴力连续体"主张警察可使用的暴力种类间有连续与阶梯式的关系，也就是可以将警察可使用的暴力方式由最轻微到最严重依序排列，警察被要求根据不同情况选择最合适的对应等级的暴力，同时强调当情况改变，例如嫌犯掏枪时，警察选择的对应暴力方式可能会即刻改变。除了最轻微的形式"警察到达现场"与最严重的形式"警察使用致命暴力"相同外，每个执法机构的"暴力连续体"内容未必一致。）我强烈建议你熟悉它，不仅因为它是在面对潜在的暴力冲突时的一个出色的思维工具，如果你不得不向执法部门或法官证明你的行为时，它也可能是非常有价值的存在。

　　本书中演示的技巧在施展时必须非常严肃。你应该对法律有一个扎实的理解，懂得减轻暴力冲突所需的不同武力水平，以及更重要的——武者真正的道德和伦理底线。你应该成为一名拥有高度自信却不自傲的勇士，成为一名为了随时面对暴力冲突而不停锤炼身体及头脑，随时准备面对突如其来的暴力冲突的武者。勇士明白何时要控制他们进攻的侵略性强度，同样，他们明白何时要释放它，展现出它黑暗残酷的一面。在当今社会，很少有人走在真正的武者之路上。大多数现代武者在特种部队中，他们活跃在军队和情报界；也有一些从事海外承包商工作；还有一些在不同的政府机构工作——总的来说，普罗大众几乎没有机会扮演一名真正的实战武者。然而，我们所有人都可能被迫只用四肢，尤其是头部，来应对生死冲突。老实说，陷入这种情况的概率极低。但鉴于这种情况的严重性，我们仍然应该训练自己，以增加遇险时生存的概率。那些不训练的人认为这种事情永远不会发生在他们或他们的亲人身上，于是，他们成了需要被保护的人群。然而，作为个人，你有权对这些危机视而不见，让自然选择发挥作用。即使这违背武者的道德和原则。但我不能这样做，我相信绝大多数人都有同样的认知。通过审视自身，可以确定我们不会在别人遭受攻击时袖手旁观，这也给我们增加了额外的责任和目的性。当我们知道自己需要扮演他人保护者的角色时，我们在训练时将更加严肃认真。这是一条荣耀的道路，尽管经常伴随着孤独与嘲笑，比起出现在聚光灯下的表演，这条路将带给我们更多的自我满足。人们经常问我为什么要训练，答案非常简单：为了保护自己、保护我所爱的人及那些无法保护自己的人。

"保护"一词与"防卫"一词有许多关联。我进行训练的原因就是可以轻松地用"防卫"来替代"保护"，保护自己、所爱的人和那些无法自卫的人。它基本上传达了相同的意思，但却有着微妙的区别。"防卫"往往给人"非攻击"的概念，根据无数真实的遭遇来看，防卫远不如采取极端侵略性的方式应对袭击来的有效。在理解某些概念时，文字是很重要的，此处有一个完美的例子，虽然这看起来很傻，但请开始用"保护"代替"防卫"。想象一只母狼正在保护她的幼崽，她会拼死保护它们免受伤害。这就是你应该做到的保护程度。

本书包含了许多技巧，如果对某个人施展，将会造成巨大的身体伤害，甚至是致命的。自 2003 年首次出版这些内容以来，关于如何防御这些攻击的问题也伴随而来。不是为了偷懒，对于这个问题的最佳答案，我依然坚持本节开头那句经得起时间考验的至理名言——最好的防御是出色的进攻，这是一个经过千百次压力测试、在世界各地暴力冲突中得到证明的经验。如果有人对你发起攻击，无论他使用何种攻击技术，获胜概率最大的人一定是那个立即用手边的一切物品发起迎击的家伙。踢击、膝撞、肘击、掌击、劈砍、挥拳等，迅速反击，并发挥出你的最大力量。这种防御理论的关键是，一旦开始反击，直到你的对手无法行动之前都不要停止出招。有些武术门派将这种类型的进攻称为"闪击"，这是从美式橄榄球借用的概念，但不管叫什么名字，这都是一种稳健的、经得起考验的反击方式。当你发现自己有可能或正在被一名或多名暴徒偷袭，就是使用这种反击的最好时机。

还记得我们之前讨论的行动与反应之间的差距吗？我建议你花一些时间研究这方面的知识。主动行动总是比被动反应来的快，这是常识，不是吗？因此，如果你拘泥于某种不应主动出击的陈旧武学教条，等待对手先采取行动，那么在战斗开始之前，你就已经落了下风。要获胜，你必须让对手被动反应，而不是让其主动进攻。他必须是那个落后一毫秒，始终试图赶上你行动的那个人。在最终确定了控制局势所需的力量水平之后，你必须成为行动的发起者。一旦你下了决心，事先在各种情景下的预演和训练都将对此非常有帮助，这样就可以逼迫对手在整个过程中只能被动地做出反应。这个方法已经经受了太多次的压力测试，它非常实际且高效。

有些武者对自己的能力有不切实际的认知。事实上，大多数成年男性都对自己在街斗中的反应有不切实际的预期。还有一些有过训练经验的女性被他们的武术教练所欺骗，也对自己在街头遭遇战中的表现有不切实际的预期。首先，身材和力量确实很重要，它们非常重要。无论接受了多高等级的培训，体形更大和更强壮的人在统计学上胜率也更高，甚至在面对受训多年的练家子时，他们的胜率依然很高。这本该是对武术界的一种警示，但不幸的是这种警示被忽略了。大多数人满足于"玩弄"武术，或者将其视为一种爱好。我曾试图与这些人产生共情，但始终无法理解他们的思维方式。也许他们只是把来上课当成一种健身或社交互动，谁知道呢？如果你目前是以这种心态来对待自己的训练，请花时间认真考虑你受训的真实原因。你是沉溺于追求奖杯、收集黑带，还是只是在满足自己的自尊心？在面对一个体形更大、更强壮的对手时，你对自己的能力感到自信吗？如果面对的是一种生死攸关的情况，而你发现自己在保护你所爱的和所关心的人，那又当如何？这两个问题应该足够让你深思熟虑。也许现在是重塑你对武术的看法的时候了。

第十六节　36 个致命穴位

有许多人因为对武术执着并曾经拜师学艺，认为他们已经成为一名真正的武士。但令人遗憾的是，他们竭尽全力最终只变成了一位"艺术家"。

——山本常朝（Yamamoto Tsenetomo）

《白鹤拳论》最初的英文译本是由帕特里克·麦卡锡在 1987 年呈现给西方世界的，其中包括被原作者认为至关重要的 36 个致命穴位。[1] 这份文献旨在向那些在徒手搏斗中可能直面生死的人传授"武者的艺术"[2]，即传授可以杀死对手或让对手伤残的技能。原版的《白鹤拳论》中证实了奇经八脉在完成上述目标中的重要性。该经典文献明确列出了与奇经八脉相关的重要穴位。麦卡锡的版本和亚历山大、彭兰的版本都列出了传统中医学中与武术应用相关的 36 个致命穴位。在该清单中，有 17 个要穴属于奇经八脉，见表 16.1。

---

[1] 麦卡锡的翻译版本在本书中得到了印证。乔治·亚历山大（George Alexander）和肯·彭兰（Ken Penland）于 1993 年出版了《白鹤拳论》的另一译本。麦卡锡研究得更为深入，特别是以该古老文献中列出的 36 个致命穴为焦点进行了剖析。这两个译本似乎来自不同版本的《白鹤拳论》，其中一些关键穴位存在差异。从麦卡锡的研究中，可以明显看出《白鹤拳论》是从中国传入冲绳的。冲绳历史上许多空手道大师曾前往中国接受武术训练，因此很可能引入了不同版本的《白鹤拳论》。

[2] 弗莱恩·沃克（Flane·Walker）和理查德·C. 鲍尔（Richard C. Bauer）的《生与死的古老艺术》（*The Ancient Art of Life and Death*），第 13 ~ 15 页。

表 16.1　《白鹤拳论》中记载的属于奇经八脉的致命穴位

致命穴位	络属的奇经八脉	致命穴位	络属的奇经八脉
会阴（CV-1）	任脉、督脉、冲脉	囟会（GV-22）	督脉
关元（CV-4）	任脉	神庭（GV-24）	督脉
鸠尾（CV-15）	任脉	水沟（GV-26）	督脉
玉堂（CV-18）	任脉	申脉（BL-62）	阳跷脉
天突（CV-22）	任脉、阴维脉	章门（LR-13）	带脉
承浆（CV-24）	任脉	照海（KI-6）	阴跷脉
长强（GV-1）	督脉	人迎（ST-9）	阴跷脉
大椎（GV-14）	督脉	缺盆（ST-12）③	阴跷脉
风府（GV-16）	督脉、阳维脉		

这 17 个穴位大约占《白鹤拳论》中列出的 36 个致命穴位的 47%。④ 这表明对好奇的武者来说，弄懂这个能量子系统的功能是多么重要。此外，把不属于奇经八脉的致命穴位按它们与五行的关联来分类，可以获得更多的见解。表 16.2 展示了非奇经八脉致命穴位的五行分类。它显示出，在余下的致命穴位中，36% 与火和金属性相关。这些五行属性的关系将在本文中有所呈现。

表 16.2　以五行属性划分《白鹤拳论》中记载的非奇经八脉致命穴位

土	金	水	木	火
	LU-3 天府	BL-40 委中	LR-3 太冲	HT-1 极泉
	LU-8 经渠	BL-43 膏肓	LR-11 阴廉	HT-5 通里
	LI-10 手三里	BL-51 肓门	GB-3 上关	SI-16 天窗
	LI-4 合谷	BL-1 睛明	GB-24 日月	TE-2 液门
			GB-31 风市	TE-17 翳风
				SI-19 听宫

③ 原书第一章将缺盆当作阴跷脉穴位，为保持前后一致，此处仍将其视作阴跷脉穴位。
④ 麦卡锡（McCarthy）的《空手道圣经》（The Bible of Karate: Bubishi），第 114 页。

表 16.3 将上述非奇经八脉的致命要穴按其络属的十二正经进行
了详细划分。这将显现出一些可能需要考虑的其他趋势。

表 16.3 以十二正经划分《白鹤拳论》中记载的非奇经八脉穴位

ST 胃经	SP 脾经	HT 心经	SI 小肠经	BL 膀胱经	KI 肾经	PC 心包经	TE 三焦经	GB 胆经	LR 肝经	LU 肺经	LI 大肠经
无	无	HT-1 极泉 HT-5 通里	SI-16 天窗 SI-19 听宫	BL-40 委中 BL-43 膏肓 BL-51 肓门 BL-1 睛明	无	无	TE-2 液门 TE-17 翳风	GB-3 上关 GB-24 日月 GB-31 风市	LR-3 太冲 LR-11 阴廉	LU-3 天府 LU-8 经渠	LI-10 手三里 LI-4 合谷

一个有趣的发现是，上述表中脾经和心包经不存在致命穴位。通
过这项研究还有一个有趣的发现，列表中有 2 个穴位在中医学中被视
为八脉交会穴。八脉交会穴是在对奇经八脉进行针灸治疗时相关联的
8 个穴位。上表中确认为八脉交会穴的 2 个穴位是申脉和照海。膀胱
经的申脉与治疗阳跷脉有关，而肾经的照海与治疗阴跷脉有关。跷脉
虽然在纠正十二正经的气血失调中只起到辅助作用，但它们在保证对
腿部的能量供给方面发挥着重要作用,因此它们可能被列为攻击目标,
以破坏腿部的能量状态。八脉交会穴将在本章后面讨论。

遗憾的是，《白鹤拳论》中并未描述攻击这 36 个穴位的方法。
事实上它们被列出为明确选择这些穴位所涉及的武术科学提供了一个
起点。本书提供的信息应有助于解答其中的一些问题。麦卡锡还提到
了一本由金一明于 1930 年出版的书——《武当拳术秘诀》，该书提
供了与《白鹤拳论》类似的内容。金一明是一位习练内家拳的中国武
术家，他对格斗技术的理解与冲绳武术家不同。冲绳的武术更倾向于
外家拳或阳刚的风格。金一明练习的内家拳被认为是一种阴柔风格的
武学，尽管"阴柔"这个词可能会给人带来误解，但在格斗中这些技

术同样有效。36 个致命穴的概念在中国和冲绳的早期武术家中很普遍。事实上《武当拳术秘诀》和《白鹤拳论》的两个英文译本包含的致命穴位略有不同，这反映出各个武术流派传授的致命穴位有所不同。虽然很难确定作者的意图，但显然都以中医学的穴位作为基础。所有的这些文献都包含大量奇经八脉的穴位，因此我选择检验这一能量系统的功能来印证其在各种武术中应用的有效性。由于麦卡锡的优秀翻译版对这些内容有清晰的理解，我选择对其进行深入研究。

西方的点穴实践者们将一些致命穴位称为"擒拿穴"，指的是位于手腕周围的穴位，包括上文列出的《白鹤拳论》中的经渠和通里。在各种技术中，有可能抓住对手的手臂，即肘部到前臂下缘与手掌相交的穴位。当你的手沿着对手前臂向其手部方向滑动时，存在一个自然的停止的点。在那个位置，你用手指插入对手的腕部，然后利用此处"把住"他们的手臂上的穴位。如果你在施展此技术时位于对手进攻手臂的外侧，你的手指将激活对手的经渠和通里。此技术还能激活其他一些穴位，如阳谷、养老、阳池、阳溪、灵道、阴郄、神门、列缺、太渊和大陵，这些穴位在《白鹤拳论》中并没有被提到，但在实际施展招式时确实会发生。许多套路中都有此技术，用手拽住对手的手拉到你的腰部，许多流派称之为"蓄势"。当对手的手被拉到你的腰部时，这种技术将使对手失去平衡。关闭对手进攻手的能量流，将削弱其进攻能力。这还能激活对手的火属性和金属性经络，为攻击木属性经络提供了可能。当技术被正确施展时，会让你的对手陷入非常不利的境地——难以进行还击。后续技术可以轻松攻击对手胆经的任何穴位，要么使其眩晕，要么使其倒地。如果目标是使对手失去战斗能力，你的最后一击应该瞄准其哑门和风府。这符合本书前文所提供的信息。

对 36 个致命穴的技术应用体现了帕累托（Pareto）的 80-20 定律。这个定律是一种在许多较大规模系统中观察到的统计关系。这些系统可以是任何大型体系，如商业模型或人口趋势。如果应用于武术科学，它意味着技术中的 20% 产生了 80% 的结果。它还可以意味着 20% 的穴位中有 80% 有效的武术攻击点位。帕累托定律对武术家是一个有用的概念。它使他们能够从统计学的角度分析他们的技术，以确定哪些技术应该成为他们训练的核心。⑤《白鹤拳论》的作者从实战的角度列出了他们认为至关重要的穴位。他们完成了研究和实战测试，并给出了答案。我们依此来确定以何种方式攻击其中列出的穴位。

《白鹤拳论》中列出的 36 个致命穴位如下。其中 17 个穴位已经在本书第一章中列出，即表 16.1 中列出的穴位。这一节添加了对这些穴位的描述和评论，可能包含了更多复杂的信息。

36 个致命穴概述

囟会（GV-22） 囟会是位于头骨中线上的几个致命穴之一，当被击打时可以对大脑产生强烈的能量冲击波。囟会位于前发际线后约 2 寸处，对那些发际线较高的人来说，位于头顶部的中线上。需要考虑的一个重点是，击打人类头骨类似于击打保龄球。它在结构上和实质上非常坚硬，因此必须注意击打的方式方法，以避免自己的手受伤。击打时需要极大的力量才能传递足够的能量，产生足以穿透大脑的冲击波。可以改进一些训练方式，比如击打"卷藁"（冲绳一种传统的训练设备），练习者对站立的木柱进行有力的击打，是练习手部对头骨等坚硬表面进行击打的极好方法。许多受过训练的战士在战斗中会收紧下颌，这会将囟会送入最佳的受击位置。击打应该以与头骨表面呈 90° 角的线路进行。想象用锤子将钉子钉入木头的角度，你就能正确理解此击打角度。从西方观点来看，在这一点上有颞浅动脉和滑车上动脉的分支网，此外，额神经的一个分支也存在于此处。猛烈的

---

⑤ 里克·克拉克（Rick Clark）的《点穴格斗》（*Presure Point Fighting*），第 16 ~ 18 页。

击打可能会损害这些精细的结构并有可能造成相关的血管破裂。当然这只是表象，因为席卷并穿透大脑的能量冲击波将是此击打最引人注目的方面。根据施展时产生的有效的攻击力量，它可能会极大地震慑对手或暂时使对手眩晕，或导致其失去知觉。击打的能量冲击波会对大脑本身产生显著影响，同时还会对"人体电池"产生能量扰动。如果对手趴下，比如被你摔倒时，此穴位将是传递踢击力量的绝佳位点。请记住，对该穴位进行迅速的反复击打不仅会导致头骨结构破裂，而且还会将能量传递给对手的大脑和能量系统，造成成倍的伤害。在防御中，保护你的中线通常是绝大多数搏斗系统中首要的关注点。有许多技术和反击方式是以中线为目标施展的。重新审视你的格斗方式，你将会发现其中招式都针对这一目标。

　　神庭（GV-24）　神庭是另一个位于头部中线的穴位，它位于前发际线的稍后位置，比囟会向前约 1.5 寸。这两个穴位之间最大的区别在于，神庭是一个交会穴，而囟会不是。膀胱经和胃经在此处（神庭）与督脉相交。这使得对该穴位的击打对身体整体能量系统的干扰更大。考虑人类头骨的结构，想象一下大脑的中心位置，应该以朝向大脑中心 45° 角进行击打，这与击打囟会建议的 90° 角不同。角度的轻微变化意味着你要使用不同的攻击方式，这也是因为该穴位的物理位置更靠近上额。如果你的对手通常采取低头的姿势，就像许多受过训练的拳击手、武术家和 MMA 格斗选手那样，那么这个穴位将会处于易受攻击的位置。与囟会一样，对这一点的击打必须是强有力的。这个区域是头骨最坚硬的部分之一。想象一下有些武术流派如何使用这个区域来进行头槌攻击。所以，对于这种强硬的部位，轻巧的击打是行不通的。对这一点的击打需要力量，需要强大的力量。我最喜欢用的技术是掌根击，它的施展方式与标准的砍劈动作非常相似。从物理上讲，它允许击打以所需的 45° 角进行。此外，这种类型的击打可以通过训练传递释放出巨大的力量。考虑到头骨的坚硬结构，这一点是非常必要的。对神庭的有力击打会引起透过大脑的能量冲击波，而45°的角度会将头骨推向颈椎。所有这些都可能产生显著的创伤效果，即使没有导致对手失去知觉，也会导致其感到震撼或眩晕。防范对中线的击打在大多数武术系统中由来已久，并且应该通过训练使这种防御变成本能。

上关（GB-3）这一致命穴位于太阳穴的下部，颧弓上缘凹陷处，在耳朵前方。头部两侧都有此穴位，这与仅存在于中线的单穴情况不同。它与奇经八脉没有直接关联，但是胆经、三焦经和胃经的交会穴。这使得它对武者非常有价值，因为交会穴提供了用一击破坏多条经脉的可能。从时机和动作的角度来看，攻击它是极具性价比的。在一个标准的腕部被擒拿但手臂可以自由活动的防御中，用你手部肉厚的部分猛击对手的耳朵将刺激这一穴位。该穴是头骨这一区域的几个穴位之一，考虑到你击打时它们的接近性和你击打的表面积，其他穴位可能也会被刺激。

眼睛［晴明（BL-1）］如果你问周围的人，人体上哪些部位是致命的，大多数人会提到眼睛。这是基本的常识，因为眼睛使我们能够看到周围的环境并确定潜在的威胁。如果恰巧你的眼睛被击中，它会影响你有效自卫的能力。这一点在今天与《白鹤拳论》成书的那个年代来说同样现实。虽然眼睛本身不是特定的穴位，但这些器官组织对攻击非常敏感。直接拍、戳或刺眼睛会极大地削弱你的对手在实战中的观察能力。实际上，二战时期西方的许多老派徒手格斗教官都强调要攻击眼睛。同样，在许多武术体系中，特别是那些真正注重实战的流派中，攻击眼睛是很常见的招式。在手腕快速甩动时用指尖击打眼睛，是大多数对手意想不到的方法。将手指刺入眼睛，可以用所有手指或单指，是一种有效的技巧。更极端的是，用一根手指刺入对手的内眼角，然后向前和向外猛力一拽，这一技巧会使眼球脱离眼眶，但只有在极端情况下才可使用。通过攻击眼部进行防御是每个人都知道的，因为我们本能地知道眼睛的重要性。如果你察觉到对手准备向你的眼睛发起攻击，低头、抬头和（或）转动头部在许多情况下都能保护你的眼部免受伤害。

耳朵 [听宫（SI-19）] 耳朵不是穴位，但在实战中依然是重要的目标。打耳光（扣掌拍打耳朵）会让对手感到疼痛和眩晕。耳朵附近有众多穴位，攻击耳朵很可能刺激该区域的多个穴位。此外，你也可以揪住对手的耳朵，然后拖拽拉扯上耳缘从而撕裂它。如果对手在交战后期处于俯卧状态，也可以用脚踢击耳朵。

翳风（TE-17） 这一存在于身体双侧的穴位是三焦经和胆经的交会穴，但其与奇经八脉没有任何络属关系，也没有直接连接。每当攻击一个交会穴时，它会对多个经络产生能量干扰，这对中医理念在格斗中的应用来说，是一件好事。基本上，当击打交会穴时，你更易获得事半功倍的效果。翳风这个特殊的交会穴的不寻常之处在于，在此交会的两个经络在能量上对彼此十分敏感。三焦经属火，而胆经属木。通常对耳朵发动击打会刺激这一穴位。考虑到对耳朵附近区域进行击打时的能量扩散，单单击打耳朵附近的区域便能刺激翳风。此外，还可以通过用一只手牢牢抓住对手的头，同时用指节或指尖向穴位施加压力的方式来控制对手。最好向鼻尖方向施加力量以获得最佳效果。这种类型的控制技术通常是执法人员的培训内容之一，常应用于处于被动地位但不服从管理的抗议者。在防御方面，对头部侧面的攻击通常可以通过肩膀、手臂或偏转躯干来有效地格挡。

水沟（GV-26） 这是一个位于中线的穴位，同时也是督脉和大肠经的交会穴。它位于上唇与鼻子底部之间的位置，这使其特别容易受到上勾拳和掌的攻击。从生物力学角度考虑，推荐最佳的攻击角度是 45°，这是最有效的击打方式。用手掌猛击口鼻区域会击打到水沟和其他几个穴位。我更喜欢在获取该位置的攻击时机之后，向同一区域进行迅速的连击。每一击不仅会对对手造成更多的物理伤害，还能通过一波又一波的能量冲击波对他们的头和大脑系统进行暴击。此外，用大拇指和食指夹持住这一穴位也能取得很好的效果，比如作为控制技术对一个被动却不合作的对象来施展。避免中线遭到攻击——就像在上面的关键穴位描述中所述的那样——应该是你搏斗训练的重要组成部分。让对手侵入你的中线，进而暴露你身体的某些最敏感的区域，才是真正的大麻烦。学习如何对抗这种潜在威胁对你来说至关重要。

承浆（CV-24） 这一穴位名称的原意是"接液体的容器"，如果在我们吃东西时，口中淌下酱汁，它就会积聚在下颏中央的微凹处。尽管绝大多数穴位的含义都无法让西方人理解，但这一个穴位名称却能让我们在脑海中形象地勾画出它的位置。它位于头部中线上，下颏上缘与下嘴唇形成的微凹处。此穴是胃经和大肠经的交会穴。有些中医书上也称此处是任脉与督脉的连接点，但是这一观点并没得到绝大多数人的认可。要对此穴位进行击打，以斜向下 45° 的角度瞄准，效果最佳。对这一穴位进行锤式凿击，只要有足够的力量，不仅会导致对手瞬间被击昏，还可能让其下颌脱臼。这样的击打还会刺激同一区域内的其他几个穴位。守护好你的身体中线，将极大地减少你在街头冲突中遭受这种袭击的概率。请审视你所学的具体格斗技术体系，确定哪些技术可以有效地对抗以中线为目标的攻击。

天窗（SI-16） 该穴位并没有直接连接到奇经八脉，但它是火属性小肠经的穴位。该穴位位于颈部外侧，紧贴胸锁乳突肌的边缘，位于大肠经扶突的后方。上行颈动脉、颈皮神经和一部分耳大神经都存在于此穴位处。该穴存在于身体双侧。一个简单的取穴方式是想象一下怪物弗兰肯斯坦（同名电影的主人公）脖子上突出的螺栓处。应该以约 45° 的角度朝着颈部中央进行击打。击打颈部时会刺激到许多穴位，这会扰乱流向头部的能量和血液，可能导致对手昏迷。反复对此处进行攻击可能造成咽喉结构的损伤。我最喜欢的攻击方法是使用前臂作为击打面对对方的颈部侧面进行击打。前臂的长度大约为28厘米，巨大的击打面可以在精准度缺失和动态自卫的情况下增加容错率。基本上，使用前臂会大大增加成功击中该穴的可能性。在个人训练中，你应该努力寻找增加击中成功率的技术。与挥砍击出拳相比，用前臂撞击颈部的击打面积会更大。除了标准的格挡动作之外，耸肩、身体摆动和摇闪也都是优秀的防守技术，可以避免颈部一侧被击中。

人迎（ST-9）此穴位同时存在于颈部两侧，距离喉结的外缘约1.5寸。该点位于颈动脉的正上方，使得击打此处时能够立即影响流向头面部和大脑的血液。因为其靠近颈动脉，所以此穴是人体上非常脆弱的地方之一，无论对手的体型和肌肉强度如何，此穴都异常敏感。这一区域存在上甲状腺动脉、颈前静脉、颈内静脉、颈动脉、颈皮神经、面神经颈支、交感神经干、舌下神经和迷走神经等。仅这些敏感而重要的神经及动、静脉的结构，就足以使其成为首选击打目标之一。因此我个人认为这是极重要的致命穴之一。此外，人迎是胃经、胆经和阴跷脉的交会穴。击打这一点可能导致死亡，原因是该区域整体结构较弱。击打应以90°的角度瞄准颈椎的中心进行。可以使用各种徒手技艺击打这一穴位，前臂击打、手刀、拳击、踢击和肘击等都是有效的。这一极其重要的穴位遭受攻击时应采取的防御策略与天窗遭受攻击时应采取的防御策略相同。

天突（CV-22）此穴是在生死攸关的实战中非常重要的穴位之一。它位于胸骨柄上缘和颈前中心线形成的马蹄齿状切迹处。在其下方是气管，对该点进行强烈而迅猛的击打可以导致周围组织肿胀，从而阻碍肺部吸入氧气。对该穴位的强烈击打可能致命。只有在九死一生的极端情况下才应该攻击这一穴位。从能量角度来看，任脉和阴维脉在此穴位上交会，这意味着此穴位作为致命穴也符合中医学的观点。此外，在与对手极近距离接触，可视范围减小的情况下，此处的胸骨上切迹结构是一个绝佳的接触点。这允许武者在不得不施展全力击打的极端情况之外使用这一技术，因为只需插入一两根手指并滚动到胸骨切迹的后侧即可使对手感到疼痛。请注意，这样仍然可能导致周围组织肿胀，甚至引发严重的医疗问题。对奇经八脉"封气"的概念在此穴位体现，因为它减弱了体内属阴的脏器纠正能量失衡的能力。在生理结构上，它可能在对方身体急需氧气时阻碍其呼吸能力，因此只有在你真的感受到生命威胁的情况下才应该采取此攻击。攻击天突不应该用于表演或以体育为导向的武术运动，因为其风险极大。我犹豫过是否使用"致命技术"这个术语，但如果要使用它，那就是指对天突的强力击打。正如在上文中对其他位于身体中线穴位的叙述中多次提到的，对于身体中线的标准防御技术应该在你所习练的具体武艺中丰富，并应该接受相关培训以确保你能够充分保护自己。

缺盆（ST-12） 此穴同时存在于身体双侧，位于身体的中心线外约4寸，大约在锁骨中点。当你与对手距离很近时，此穴位是一个绝好的目标。通过抓住对手的锁骨，你可以朝着身体中心线的方向，用手指深入到锁骨的骨性结构自然弯曲后侧。当你的对手举起手臂时，此处的结构性弱点就会充分暴露。我认为在对抗中可以利用此穴位获得控制对手的优势位置，因为它会迅速导致对手不由自主地屈膝，从而暴露其他可以击打的部位。此外，对锁骨的猛烈砍击或捶击，还有可能打断此处并使该侧手臂失能。利用对手身体失衡的瞬间优势是我认为该穴位被记录在《白鹤拳论》中的原因之一，更不用说攻击此处可造成破坏能量系统的全身效应了。此穴位的攻击机会通常出现在对手向你的头部出拳，你进行了有效防御并捕获其进攻手臂时，你可以用另一只手迅速攻击缺盆，使对手屈膝。在防御方面，迅速缩回你出拳的手臂应该能够阻止对手捕获它，从而防御对这一穴位的攻击。

风府（GV-16） 本穴与天突如同阴阳一般对称。通过攻击天突可以在身体正面气管的位置进行"封气"，而风府恰好位于脊柱与颅骨的连接处。同时该穴也是人体解剖学中极其脆弱的穴位之一。实际上，有几个针灸常用的穴位也在该穴附近。最简单的方法就是攻击对手后颈部。击打引起的能量扩散，或多重连续击打，都可以同时刺激其中数个穴位。风府是督脉和阳维脉的交会穴。在本书第 14 节中曾详细介绍击打引起的这两条奇经的能量不平衡问题应如何纠正。从解剖学角度来看，这个位置是脑干与脊柱的连接处。这是一个极其敏感的攻击点位，攻击此处不仅可导致对手失去知觉，还可导致重要的脑 - 脊柱连接的骨性结构性损伤，从而引起瘫痪。那么，该如何有效地攻击这个颈后的穴位呢？当你的对手以标准格斗姿势站在你面前时，这几乎是不可能的。只有当你确立了支配位置，引发了他姿势的改变，这一穴位才会变得容易触碰到。基本上，你使用一些促使对手不得不弯腰的方式来进攻时，他会不由自主地把后脑暴露在你面前。如果他面朝下趴在地上，你可以使用有力的砍击、前臂砸击或踩脚来快速对该位置进行攻击。同样，如果机会来了，就用相同的技术继续反复朝该位置进行攻击，直到对手不再对你构成威胁为止。与天突一样，攻击此穴位依然是一种致命的技术，只有在生死关头才能使用。它不适用于表演或以体育竞技为目的的武术。对此穴位的击打是极其致命的，我认为它被收录在《白鹤拳论》中是因为攻击此穴位造成对手死亡的可能性非常高。《白鹤拳论》成书的那个时代，徒手格斗时往往面临生死攸关的情况，不得不使用致命武力以对抗威胁。虽然提供这些致命击打的知识让人感到犹豫，但如果不对这些击打的致命性进行明确的检验与审视，就会减弱读者对这一历史文献的整体理解程度。在防御上，不让对手获取你背部的优势位置至关重要，这在绝大多数武术中是普遍认知，应该成为你训练的重点之一。我希望读者通过阅读本书理解人体上数量繁多的明显弱点。除了了解攻击这些人体要害会造成的严重后果之外，我也希望读者能够深刻理解这一武术格斗体系创始人的初心。记住，随着你获得的知识和力量越来越多，你也必须具有更强的自控能力。

大椎（GV-14） 该穴位于颈椎最后一节与第1胸椎的连接处。强有力地攻击此穴会对神经系统中非常重要的组成部分——脊神经的完整性造成损害。大椎的位置在背部中线上，与肩膀同高。它是六阳经（大肠经、胃经、小肠经、膀胱经、三焦经和胆经）和督脉的交会穴。由于阳经的防御性质和解剖学中底层脊柱的强度，对这个位置的击打必须非常有力。在对手摔倒或被抛出后趴在地上时才能接触到这一穴位。在这种情况下，踩踏非常有效，如果对手在你面前侧躺，背朝向你，那么用脚尖进行踢击也是有效的。如果你的对手面对着你站立，处于标准格斗姿势，要想接触到这一穴位是非常困难的。我认为它被收录到《白鹤拳论》中是为了在生死搏斗中对手被摔倒但并未完全屈服的情况下使用。在防御中，要能够使自己免于被摔倒在地，从而保护自己不遭受此类攻击，因此要通过长期认真习练多种武术格斗技术来实现这一点。如果你被摔倒，趴在地上，最好马上翻身，不要将背部呈现给你的对手，并尝试用多种技术来削弱对手后续的侵略性攻击。将此穴位或背部及颈部区域的众多要害穴暴露在攻击之下是十分不明智的。对这一区域的猛烈击打可能会对脊柱造成重大伤害或导致瘫痪，所以它只应在生死关头使用，而不适用于表演或以体育为导向的武术。

玉堂（CV-18） 鉴于这一穴位在位置上与高度敏感的膻中紧密相邻，对其中一个穴位的击打很可能对另一个穴位产生影响。膻中大概位于实际心脏所在位置，但不知是何原因未被《白鹤拳论》收录。更多该穴信息，参见第二节的相关内容。

鸠尾（CV-15） 该穴是《白鹤拳论》36个致命穴中的又一个位于人体中线的穴位。它属于任脉，位于胸骨剑突下缘，距离脐部约7寸。它与中脘、上脘和巨阙具有相同的解剖学特征。它是任脉的络穴，因沟通了任脉与胸部、腹部其他区域的关系而得名。对这一穴位的击打应以斜向下45°角进行，如此可获得最佳的能量效果，但向上击打也可以有效地将肺部的空气挤压到体外。有力的击打也可能打断胸骨剑突。上半身稍微倾斜的站姿可使你的中线更难以受到对手的此类攻击。在不同体系的武术流派中，能发现各种各样保护身体中线的技术。

极泉（HT-1） 这个穴位很难接触到，因为它受到人体结构的很好保护。极泉是存在于身体双侧的致命穴位，位于腋窝内侧与躯干交界处。它属于心经，是该经脉从身体内出来循行到体表皮肤的穴位。它与奇经八脉没有直接的连接，但被击打时却非常敏感。许多中医书中称此穴为禁针穴。表面上看，这个穴位在实战中很难触碰到，但实际上是可能的。当对手举起手臂出拳的瞬间，极泉就很容易触及。一个迅捷的指尖直刺或指关节拳就可以轻松刺激到它，但想命中却需要相当的精确度。根据以往经验，在实战中招式的精确度通常会降低，我说的这个变体招式是为那些愿意花时间训练以成功实现这种击打的人提供的。请记住，即使进行了大量的练习，在实战中实现这种技术的难度也很大。极泉更容易实现的击打时机是在利用对手的手臂作为杠杆将其摔倒后。一旦你控制了对手的手臂，获取这一优势位置，那么根据常识，建议你保持这种控制直到结束战斗。因此在这种原则下，我个人推荐的攻击极泉的方式是，在将对手摔倒在地并保持对其手臂的控制后，用手猛拉对手手臂的同时朝极泉踢击。踢击的类型取决于对手当时的体位。如果他侧躺在地上（被你控制的手臂伸在空中），使用侧踢或踩踏都很有效。如果对手在摔倒的同时开始转身或将肩膀朝向你开始防御，并且试图重新站起来，那么一个有力的前踢或正蹬都可以发挥作用。我建议你与训练伙伴合作，来确定一个倒地的对手在你控制他的一只手臂时会有哪些不同的反应方式。请注意，我没有建议对训练伙伴的极泉发起踢击，因为在理论上这可能会导致心脏的紊乱，根据中医理论甚至可能导致死亡。再次强调，这个技术不适用于表演或以体育为导向的武术运动，但成熟的训练可以为更好地攻击一个要害穴位提供丰富的知识，即使它并没有真正被打中。不给对手控制你手臂的机会也是防止极泉被攻击的关键。

膏肓（BL-43） 该穴位于背部，肩胛骨的内侧，距离第4胸椎下缘仅3寸。这个双侧同时存在的穴位属于膀胱经，不直接与奇经八脉连接。我认为它被收录在《白鹤拳论》中是因为它更多地涉及结构性攻击。如果你占据了对手背后的有利位置，对这一穴位的强力击打将使被攻击的一侧向前摆动，这会让对手略微转动并使你处于攻击对手后背中线的完美位置。这一章已经讨论了许多位于中线的穴位。此外，如果你的对手俯卧在地上，踩踏这一穴位可能会对肩胛骨造成严重的伤害，这可能导致该部位在后续的战斗中失能。这些攻击似乎更注重破坏结构而不是能量。从防御的角度来看，最重要的是不要让对手占据你后背的有利位置。有很多技巧可以反制对手的动作，以防止其发动此类战术。

肓门（BL-51） 这个致命穴位与奇经八脉没有直接连接。它位于背部，肋骨下缘，脊柱上第1腰椎的下部旁开约3寸处。该双侧穴位上存在第1腰椎动、静脉的分支及第12胸神经的分支。击打应该以45°的角度朝头部方向进行。以这种方式击打胸廓是最容易引起骨折的。另外，击打此穴会扰乱膀胱经的能量。考虑到该区域的其他穴位在物理位置上距离较近，因此肓门更像是一个旨在对胸腔造成结构性损害的目标。强劲有力的击打，或者反复的连续击打可能会将骨碎片顶入更深层次的内脏器官。武者应该接受良好的训练，避免被对手攻击背部，这对于防御针对此穴位或背部其他致命穴位的攻击是必要的。

长强（GV-1） 这个致命穴位于尾椎骨顶部，也就是脊柱的末端。它是肾经、胆经和督脉的交会穴，这使得它成为一个主要的能量攻击目标。记住，对交会穴的击打在身体上会产生更大的能量效应。击打这一穴位应该是以向上45°角进行的。这使击打的力量直接瞄准身体的能量核心。从武术角度来看，这一穴位通常很难击中，但当你移动到对手的背后时，就有可能用膝部对准其尾骨进行击打。这种击打方式非常有效，可以迅速制伏对手。对该区域进行猛烈的膝击不仅会冲击身体的能量核心，还会通过尾椎骨与脊柱的连接震颤整个神经系统。除了能立即制伏对手，还会让他无法继续战斗，因为他无法从脊柱受到的冲击中恢复。也可能导致其肠道和膀胱排空。正如之前多次提到的，允许对手占据你后背的优势位置是不明智的，因为对手在你后背可以轻松命中太多致命的部位。你在训练时需要考虑到这一点。因此，如果你在训练中使用了很多旋转类的动作，或者采用了可能通过暴露背部来妥协站位的动作，那么你应该重新审视这些技术或方法。

关元（CV-4）　如果对手的这个致命穴位被正确击中，会导致其向前蜷缩成阴性身体姿势，从而便于你轻松攻击几个后续穴位。记住这个致命穴位的一个简单方法是朝对手腰带下方进行击打，而不是生殖器。拳击手有时会把这个区域称为"面包筐"。它位于身体中线上，脐下约 3 寸处。关元是小肠经的募穴，也是脾经、肾经和肝经的交会穴。对该穴位的击打角度应该是向下 45°，可能会打断耻骨进而给对手造成极大的痛苦。瞄准这个区域施展斜向下的拳击或强有力的直踢在实战中非常有效。击打这个穴位可以非常具有欺骗性，因为大多数对手不会预料到对身体低位区域的击打。当然，对男性来说，保护生殖器通常是一种本能反应，方法通常是扭动髋部或夹紧双腿，但即使这么做了，关元仍然可以被攻击到。一旦对手受到强力的击打，身体就会向前蜷缩，进而暴露出颈部和背部的许多要害穴位，你便可以发起额外的进攻。对这个要害穴位的攻击会破坏对手身体的能量核心，并产生巨大的耗竭效应。在防御方面，再次强调，保护你的身体中线是非常重要的。

会阴（CV-1）　会阴即诸阴之会的意思，同时也暗示了这是一个具有独特属性的穴位。从实战角度来看，命中这一要害穴是非常困难的，但如果攻击到此处，那么对对手来说是毁灭性的。在人体中只有此穴是督脉、任脉和冲脉的交会穴。从能量角度来看，对该穴位的击打会同时向前中线和背部中线的奇经八脉造成能量冲击。更重要的是，这种击打正好在冲脉顶端向身体的能量核心发送了一道冲击波。直接击打这个穴位虽然难度较大，但对关元的有力击打或那些沿腹部核心和下背部的攻击会干扰到它，当然，效果都不如直接攻击会阴。生物进化将这个穴位置于生殖器与肛门之间来协助我们保护此处。考虑到该穴位的位置，尽管击打它具有毁灭性的效果，但只有在特殊情况下它才是一个可攻击到的目标。如果你的对手面对你并试图向你高踢腿，你可以通过一脚直踢或自下而上的顶靠击打到此穴位。我敢打赌，无论是用拳还是用脚，只要这里被击中，战斗将立即结束。另一种攻击这个致命穴的方法是，当对手在地上，同时你控制了他的一条腿时，猛烈地向你自己的方向拉动这条腿，同时用全力踢在他双腿之间的区域，你将重创这一穴位。如何对会阴进行最好的防御呢？几乎所有偏于实战性的武术流派，都在反复强调使用高踢时要极其谨慎。当面临危险时，这一招式失败的可能性太高，而结果往往危及生命。我听过好多次这种强调：任何踢击都不应该高过腰部。这一原则不是为了刺伤那些能够施展华丽且精准高踢的武者的自尊心，而是为了保护这个致命穴位。腿抬得越高，此处就越容易被击打到。如果你仍然在街斗中对使用高踢抱有执念，那你需要认真思考如何改变这种心态了，因为这对你来说太危险了。由于被击打后的毁灭性效果，会阴轻松地成为排名前五的致命穴位之一。

日月（GB-24） 虽然这个穴位并没有直接与奇经八脉相连接，但它是胆经和脾经的交会穴，也是胆的募穴。在某些中医书中，它被认为与阳维脉相交。但绝大多数中医书籍并没有此记载，因此本书也未采纳这一观点。此穴位对武者来说非常有价值。对这个穴位的击打应该朝着身体中心，以45°的角度向下进行。有力的击打可以震颤或损伤胆囊。如果击打的角度和方向正确，还可以截断身体的能量核心。这个穴位是敏感的胆的募穴，击打它可以阻碍胆经纠正能量失衡的能力。一次有力的击打通常会刺激到期门，日月与之在位置上紧密相邻，并且期门是肝的募穴。正所谓一箭双雕，这将导致木属性经络处于极度混乱的能量状态。在西方拳击中，击打这个穴位被称为"身体击打"或"爆肝拳"。网络上有许多通过击打这个位置导致的技术击倒获胜（TKO）的视频。对武者来说这是一个极好的穴位，因为通过击打它能够轻松地击倒对手。请注意，成功地击打这一穴位需要十足的力量，轻轻的拍打是不够的。将肘部放下以覆盖这些穴位是保护此处及身体前部其他穴位的众多防御战术之一。

章门（LR-13） 此穴同时存在于躯干的两侧，属于肝经。同时它也是脾的募穴，经常被应用于中医诊断中。当一个募穴能量失衡时，仅仅触摸该募穴就会令患者产生负面反应。从武术的角度来看，募穴应该是攻击的首要目标，因为它们通常位于所代表的器官的正上方。脾脏是章门所关联的器官，攻击章门应该朝向身体的能量核心，以45°角向下进行，以获得最大的效果。对这个穴位有力的击打会导致脾脏和腹内其他无保护脏器出现内伤。同样，对这个区域的击打可能会导致浮肋骨折，且断骨可能会顶入腹腔后部的敏感脏器中。从能量的角度来看，这个穴位是绝佳的，它是肝经与胆经的交会穴，一次击打将中断肝经、胆经的能量。对肝经、胆经的击打通常会导致腿部不由自主地屈曲，这要么可以让你的对手摔倒在地，要么可以使其蜷缩到足够你进行后续的对其颈部和头部区域的攻击。防御对此处的击打，无论是拳打还是脚踢，都应该是绝大多数武术训练系统中普遍传授的内容。

阴廉（LR-11） 这个穴位并没有直接与奇经八脉相连接，我认为此穴位被收录在《白鹤拳论》中是因为它是一个结构性的攻击点，而不是一个高度脆弱的能量点。此穴存在于身体两侧，位于大腿内侧的上部，十分靠近腹股沟的折痕处。在这个位置有腹股沟动、静脉，腹股沟神经，股前皮神经的一个分支及闭孔神经的一个分支。这个穴位在位置上靠近数个交会穴和其他能量敏感穴位，但从其自身的能量特性来看，它并不是一个特别的穴位，它既不是募穴也不是交会穴。符合上述任意一个特性都会使此穴位具有更高的能量价值。对这个点的击打应该大约呈 45° 角，瞄准腿部中心。强有力的击打除了会在物理上将被击打的腿部和臀部推向后方之外，还会威胁到大腿上的动脉，因为这条动脉就在此处皮肤之下。我认为它更像是一个结构性的攻击点，攻击此处是基于此处遭受强力击打时所发生状况的理解。如果角度正确，那么被攻击的那一侧髋部会发生屈曲，这将阻止对手采取进一步的攻击性动作，因为他暂时无法使用这条腿前进。这为你后续快速击打对手提供了时间，因为此时对手的平衡能量受到了损伤。要抵御对这一穴位的攻击，强有力的下格挡或扭转髋部足以达到效果，这与防御针对生殖器区域的任何低位攻击都类似。

天府（LU-3） 此穴位没有直接与奇经八脉相连接，此处更多的是一个可以让对手手臂麻痹的结构性攻击点。天府存在于身体两侧，位于手臂肱二头肌的中心，肘部横纹上方约 6 寸处。人体解剖学显示，在此处有头静脉、肱动脉和肱静脉的分支以及臂外侧皮神经。击打应该以 90° 角直接朝着手臂中心进行。强有力的攻击可以撕裂穴位所在的肱二头肌的肌腱和韧带，并使手臂麻痹。从能量的角度来看，击打会扰乱金属性肺经的能量。对这一穴位的击打可以使对手的手臂失去功能，从而显著提高战胜对手的概率。如果击打正确，对手的一侧手臂被麻痹或失能后，与仅有一只手臂的对手战斗会戏剧性地变得轻而易举。我个人喜欢使用前臂或肘部击打这一穴位，强有力的直拳也可能有效，但你可能面临拳头从肱二头肌上剐蹭而过无法获得最大的能量交换的可能。防御对此穴位攻击的一个基本策略是收回你出拳的手臂并正确定位面向对手的方向。长时间的手臂拉扯对抗可能会使这一穴位暴露在受过此类训练的对手的攻击之下。

手三里（LI-10） 这是一个存在于身体两侧的穴位，属于大肠经。

在大多数激烈的交锋中都很容易接触到此穴位。它位于肘横纹下约2寸，小臂外侧的肌肉丰厚处。每当对手出拳或伸手时，这个穴位基本上就是摆在明面上的。手三里应该被视为一个结构性的攻击点，因为一次强有力的击打首先激活金属性，其次激活火属性。这只需要对一个木属性的穴位进行攻击，就能完成一个涉及五行属性的三步序列击打，而手三里在遭受击打后，对手为了调整姿势，往往会暴露出其他致命穴位，比如风池。解剖学显示，这一穴位处存在桡动、静脉的分支，以及前臂外侧皮神经、桡神经。它与奇经八脉没有直接连接，也没有任何特征可以使它成为一个强大的能量目标。虽然此穴位在能量层面匮乏，但它在使进攻手臂失能和使对手高度妥协这两方面弥补了这一点，你可以在此基础上进行后续攻击。击打手三里应该具有"切割"的性质，瞄准击打位置上方并沿着对手手掌的方向运动。以这种方式击打会导致对手肘部和肩部下落，下颏微微向前伸出并远离被攻击的一侧。这使得其身体重心向下和向前倾斜，在本质上消除了他对你的攻击行为，也使你后续接触头颈部的攻击点变得更容易。对手三里的强有力的击打可以使对手手臂麻木，减少其发动额外攻击的可能性。此穴的防御方法与天府的防御方法相同，即出拳后要马上收回手臂，并警惕长时间的手臂拉扯对抗。

通里（HT-5） 该穴以及接下来的经渠（LU-8），都位于手腕上，通常当其中一个穴位被激活时，另一个也会被激活。通里是存在于身体两侧的，是心经穴位。考虑到中医五行理论中心脏与火属性相关，激活这个穴位及经渠，可以完成相克循环的两个步骤，因为经渠与金属性相关。当相克循环中的两个元素被同时激活，比如简单地抓住手腕时，它会使循环中的第三个元素处于超敏感状态。通里位于手腕横纹上方约1寸处，朝向躯干方向，在前臂的下部内侧。从解剖学的角度来看，它位于尺动脉、前臂内侧皮神经和尺神经上方。击打此穴位有助于控制对手的手部。在本章前面，我们讨论了擒拿穴，而经渠和通里就是比较典型的擒拿穴。此穴位为心经络穴，心经络脉由此别出而与小肠经相通，对小肠经在纠正敏感的心经能量失衡方面有着重大的影响。当你控制对手的手腕时，这些穴位就会被激活。如果你能锻炼出手部良好的握力和指力，你应该能够用手指紧紧地抓住并抠进这些穴位。许多武术的套路中都包含一种被称为"借势"点穴的技术：抓住对手的手腕，猛地朝自己的腰部拉动。这样做的同时如果你的手指深深地插入通里和经渠，不仅会激活这两个穴位的能量，而且会使对手失去平衡，当他向前蹒跚挪步时，通常伴有腰部弯曲，这为你后续击打其颈部和头部的各个要穴提供了机会。通里并不直接与奇经八脉相连接，但因为其易于触及，所以它依然是你攻击目标中的绝佳补充。激活这两个穴位将导致对手无法进一步纠正心经能量的失衡。在防御上，避免让对手抓住你的手腕至关重要。一旦他对你建立了控制，他就会轻松地使你处于一种妥协的位置，从而使你更容易受到各种攻击。所以最好不要让对手在一开始就控制住你的手腕。你还应该练习各种翻转手腕的技术，以应对可能抓住你手腕的更强大的对手。

经渠（LU-8） 本穴与通里（上文）往往成对出现。经渠同样是存在于身体两侧的。它与奇经八脉也没有直接连接，与通里一样属于擒拿穴。它位于腕横纹上 1 寸的桡侧。无论是拇指还是其他四指都可能激活此穴位及其配穴通里，全看你以何种方式抓住对手的手腕。通过抓抠或击打来激活这一穴位会从对手的手部榨取能量，对于让对手释放对你的控制非常有效。如果要对此穴位进行击打而不是擒拿，那攻击应以朝向手腕中心 45°角进行。如果施展时用全力则很少有对手能够保持握紧的状态，即使是那些握力极大的人。有关这两个穴位的更多信息，请参阅通里的详细描述。

合谷（LI-4） 这个重要的穴位位于第一和第二掌骨相交的中心点。人体解剖学显示，桡动脉与其支持网络、桡神经和掌指固有神经都存在于这一穴位处。此穴也同时存在于身体两侧，属于大肠经，与奇经八脉没有直接连接。这一穴位可以被击打或擒拿住。举个例子，如果对手抓住了你的衣领，你就可以将手指戳入对手的合谷穴。从能量层面来说，这一技术会扰乱大肠经的能量，同时你的其他手指会激活对手手掌外侧与火属性有关的经络，这会造成其握力外泄。如此应该可以让你轻松摆脱对手的控制，并使你能够继续控制其进攻手。在防御上，要避免与对手进行长时间的肢体接触，特别是你的手臂和手触碰到他的躯干时。击打后迅速收回是避免这一穴位被攻击的常规方法。

液门（TE-2） 这是《白鹤拳论》中收录的位于手部的最后一个要害穴位。其存在于身体两侧，位于小指和无名指之间的内缘基底凹陷处。其攻击方法应该与攻击合谷的方法相同。此穴属于三焦经，属火。液门与奇经八脉没有直接连接。注意，手和手臂上的所有穴位都与火或金属性相关，强力抓握或击打将激活这些穴位，导致与其相关经络的能量发生紊乱。

风市（GB-31） 《白鹤拳论》中还包含了腿部和足部的几个致命穴位。风市是实战中的首要目标之一。它位于大腿外侧中线上。如果你让手臂自然垂落在身体两侧，那么风市就在你中指的指尖所指处。根据解剖学研究，股动脉和静脉、股外侧皮神经以及股神经的分支都存在于这个穴位处。此穴是一个存在于身体两侧的穴位，与奇经八脉没有直接连接。对这个穴位的攻击应该以 90° 角进行。对这一穴位进行强有力的膝击将导致对手的腿部屈曲失能。当你移到对手进攻方向的外侧时，此穴将是一个极好的目标。在已经激活了手臂上金、火属性经络的情况下，此处将是首要击打目标。在激活了手臂经络后，击打风市将完成相克循环的三个步骤。我个人在多次遭遇战中使用过这个技巧，它能让对手摔倒在地。对手通常会感受到十足的痛苦，以至于你可以轻松地走开，或者在他几乎毫无防御能力的情况下继续攻击他。你必须站在对手的外侧才能击打这一穴位，因此从防御的角度，你应该注意不让对手从那个位置获得机会。不幸的是，对这一穴位进行低位扫击很难被察觉，因为你的大多数注意力都集中在对手的上半身和手臂上。膝击或胫骨低扫腿可以非常迅捷地对此穴发起攻击，并且在一定程度上不易被察觉，但这可能会产生毁灭性的效果。因此你最好训练自己，不要让对手有机会通过持续变化步法来从外侧切入进攻。

委中（BL-40） 该穴位于膝关节后缘的中心腘窝的位置。此处有小隐静脉、腘动脉和腘静脉、股后皮神经和胫神经。此穴位同时存在于身体两侧。从人体结构来看，我认为它被《白鹤拳论》收录到36个致命穴位中，是因为攻击它会导致膝关节失能、屈曲。从能量层面来看，它会阻碍膀胱经的能量流动。对这个穴位的击打将激活背部的膀胱经穴位，为后续的攻击做准备。

照海（KI-6） 该穴位于内踝下缘1寸处，存在于身体两侧。胫后动脉、胫后静脉和小腿内侧皮神经都存在于这个穴位。它是阴跷脉与肾经的交会穴。这个穴位和其周边的穴位可以被低扫击中，另外还可以在对手趴在地上时进行踩踏。

申脉（BL-62） 该穴位于踝骨外侧下方的凹陷处，存在于身体两侧。这个穴位处存在外踝动脉网络和腓肠神经。它是膀胱经和阳跷脉的交会穴。这个穴位可以被低扫击中，另外，一旦对手趴在地上，就可以踩踏这个穴位。

太冲（LR-3） 该穴位于第1、2跖骨间，距离蹞趾底部约2寸的足背处。第1跖背动脉和腓深神经的一个分支存在于此处。这个穴位存在于身体两侧。你可以通过踩踏对手的脚背来攻击这个穴位，踩断足背的小骨将极大地抑制对手继续战斗的能力。从能量的角度来看，攻击这个穴位将激活属阴的肝经。如果手臂的火和金属性经脉已经被激活，那么进一步攻击足背将完成五行相克循环中的三个步骤。攻击这个穴位可能不会击倒对手，但可以使其无法继续进攻，让你有机会进行额外的击打。

昼夜周期

《白鹤拳论》提到了一种以24小时为周期攻击各条经络的方式。[⑥]
这个周期遵循中医术语"昼夜循环"相关的生物节律模式。这个周期
沿着一天内十二正经的正常能量流动方式进行。这个过程如下表16.4
所示。

表 16.4 十二正经的能量峰值时间

十二正经	能量峰值时间
足阳明胃经	7am — 9am
足太阴脾经	9am — 11am
手少阴心经	11am — 1pm
手太阳小肠经	1pm — 3pm
足太阳膀胱经	3pm — 5pm
足少阴肾经	5pm — 7pm
手厥阴心包经	7pm — 9pm
手少阳三焦经	9pm — 11pm
足少阳胆经	11pm — 1am
足厥阴肝经	1am — 3am
手太阴肺经	3am — 5am
手阳明大肠经	5am — 7am

表16.4 展示了一天中十二正经能量峰值的时间段。中医学中还
包括一个月内和一年内进行某些治疗的时间表。[⑦]随着西方武者继续
增进对很多中医概念的理解，对这些信息的应用也逐渐出现。随着对

⑥麦卡锡（McCarthy）的《空手道圣经：白鹤拳论》，第136～147页。
⑦刘炳权的《中国针灸治疗学最佳时间》。

该体系的理论和规律的详尽研究，这一知识库在西方逐渐扩充，因此就可以阐释昼夜周期的直观用途。《白鹤拳论》列举了一系列攻击特定经络的方法，宗旨是在它们的能量水平达到峰值时扰乱十二正经的能量。[8] 但是这其中没有提到在它们处于能量不足的状态时对十二正经进行攻击的情况。这让武者明白应该在经络处于能量过亢、即将失衡的状态下进行攻击。这也在本书中得到了证实。有趣的是，在这一部分的 12 个穴位中，只有 3 个穴位能在《白鹤拳论》的 36 个致命穴中找到，它们是日月、手三里和会阴。这些被称为"时辰穴"的穴位在表 16.5 中列出。

表 16.5 在能量峰值期间可攻击的十二正经的时辰穴

时辰穴	攻击峰值时段
日月（GB-24）	11pm — 1am
期门（LR-14）	1am — 3am
中府（LU-1）	3am — 5am
手三里（LI-10）	5am — 7am
天枢（ST-25）	7am — 9am
腹结（SP-14）	9am — 11am
少府（HT-8）	11am — 1pm
气海（CV-6）	1pm — 3pm
曲骨（CV-2）	3pm — 5pm
志室（BL-52）	5pm — 7pm
厥阴俞（BL-14）	7pm — 9pm
会阴（CV-1）	9pm — 11pm

---

[8] 麦卡锡（McCarthy）的《空手道圣经：白鹤拳论》，第 140 ~ 145 页。《白鹤拳论》的这一部分提供了与一天中十二个时辰相对应的特定攻击穴位，这些时段是正经能量达到峰值的时刻。这些穴位被称为时辰穴。

从实战的角度来说，记住 24 小时内各种经络的能量高峰时段是不现实的。在实战情况下，要清晰地判断当前的时间，知道哪一条经络正处于能量高峰，并能够施展这一技术来攻击这种过度状态，就更加荒谬了。徒手格斗训练需要减少思考的时间，只需牢记那些成功率极高的具体技术。[9] 我认为，学习如何在战斗情况下利用昼夜周期是浪费脑力及时间的。个别卓越的武者可能能够掌握这些信息，以在遭遇战中有效地使用，但总体来说，这超出了普通武者的能力范畴。

在西方将中医应用于武术的这段不长的时间里，已经出现了许多"死胡同"。我有幸在大约 1994 年被瑞克·莫尼梅克邀请进行中医高阶层面的研究。他选择的这个研究团队的成员探索了许多中医规则、概念和理论，试图"将此等应用推向下一个层次"。昼夜周期是其中一个被广泛研究的概念，结果发现它在武术实战方面不可行。[10]

《白鹤拳论》甚至认为应该将使用时辰穴的 12 种攻击方式分为上午技术和下午技术，这可能有助于研究武术科学的学员更好地掌握这种时辰技术。如果遵循这些建议，同时又非常了解其中的中医学内容，那么在施展时就可以达到相当高的熟练程度。然而，从实战的角度来看，预知遭遇战可能发生的确切时间是极难做到的。值得一提的是，在二战中，美国海军陆战队特种作战司令部传授给士兵 12 种徒手格杀技术，这些技术是对多种技术进行了广泛的实战测试后总结出来的，那些被证明不可靠的技术被从训练计划中移除。这 12 种近战技术不仅行之有效，而且非常出色。这些技术并没有以时辰穴以及昼夜周期为基础，而是基于大开大合的运动技能和与对手的激烈对抗。击打目标是人体解剖学上的薄弱结构（西方观点），且在施展过程中

---

[9] 二战期间，美国海军陆战队和英国情报局使用的徒手战斗技术获得了极佳的效果，也验证了这一点。但由于这些技术的致命且凶猛的性质，它们已经从军事近战训练中被移除，目前在美国和英国只有极少数人知晓这些技术。

[10] 个人研究笔记，1994 ~ 2018 年。

使用了蛮力。⑪ 这些技术在近战情况下是极具毁灭性且致命的，这在海军陆战队与日军交战的实际遭遇中反复被证明。使用这些技术杀掉的敌军数量令人震惊。中医治疗方法，特别是其中作为基石的针灸技术，与武术科学是不同的。厄尔·蒙特奎说："针灸不是点穴，点穴也不是针灸。"⑫ 现在有些人只是粗略地学习了中医，就自认为是该领域的专家，然后开设课程，开研讨会，在那里向刚接触这门古老科学的学生兜售这些概念、法则或理论，比如阴阳、五行、主要经络、气等。这些内容对西方人来说往往过于神秘，所以学生经常是不经过进一步思考就直接接受这些内容。通常，这些内容却以曲解的方式被描述得极其详尽。它包含足够的事实信息，以致于通常被学生接受，但经过更仔细的检验后发现，其中有很多明显是对中医规律的错误陈述。⑬ 这种情况对学生来说是非常不幸的。

作为学习这些武艺的学生，我们应该牢记，自我实践、自我验证才是检验事实的标准。此观点也应用于本书中所提供的内容。任何知识，无论是口头的还是书面的，你都不应该尽信，直到其来源得以验证。我质疑一切事物所呈现出的表象，并在通过自己的研究证实这些内容之前，不接受任何所谓的事实，这推动了我的个人发展，也是对武术界习以为常的"不要质疑，只是去做"的说辞的一种驳斥。质疑一切又过于好奇的思维方式产生的结果呈现在本书中，但请不要相信我的话，因为在把这些说辞当成事实之前，我希望你可以质疑并研究

---

⑪ 蒙特奎（Montaigue）的《高阶点穴术》（*Advanced Dim-Mak*），第 94 ~ 115 页。蒙特奎在书中详细讨论了爬行脑及其与攻击行为的关系。基本上，在实战中，你应该释放自然的动物本能来求生。动物在受到攻击时不会考虑技术，它们只是自动展现极端的攻击性反应以求生存。爬行脑及其与攻击行为的关系在许多与行为心理学相关的资料中都有记载。

⑫ 蒙特奎（Montaigue）的《点穴：死亡穴位击打》（*Dim-Mak: Death-Point Striking*），第 19 页。点穴是指应用于《白鹤拳论》等文献中描述"致命击打"的中文术语。

⑬ 很多时候，某些知名的点穴教练会发表不能被传统中医学验证的观点，这些观点会出现在他们的书籍或视频中，也有很多出现在研讨会期间。因此要小心你所读到和听到的东西。它可能是虚假的，并且在现实中阻碍你进步。

这些资料。我所做的一切只是"反向工程"，比如翻阅大量令人不知所措的中医书，拜访中医师，并与西方一些优秀的点穴实践者学习。如果你决定踏上类似的旅程，我期望我们的道路在某个时候交会。

八脉交会穴

根据中医的指导，有一组 8 个穴位直接影响在针灸治疗中的奇经八脉。每个穴位都与特定的奇经八脉相关联，称为八脉交会穴。这些穴位也被排列成 4 对，被成对地刺激以纠正受影响的脉络中的能量失衡。这种方法的提出可以追溯到 1439 年，当时徐凤写了《针灸大全》，该书第一次完整而系统地论述了运用奇经八脉治疗疾病的方法。不知这些治疗方法是在早年间就已经发展起来并传给了徐凤，还是他自己首创了此方法。[14] 无论如何，考虑到这些内容的古老性质，将其应用于武术科学并检验其有效性是非常有趣的。八脉交会穴见表 16.6。

表 16.6 八脉交会穴及其相关联的奇经八脉

八脉交会穴	相关联的奇经八脉
公孙（SP-4）	冲脉
内关（PC-6）	阴维脉
后溪（SI-3）	督脉
申脉（BL-62）	阳跷脉
足临泣（GB-41）	带脉
外关（TE-5）	阳维脉
列缺（LU-7）	任脉
照海（KI-6）	阴跷脉

[14] 松本（Matsumoto）和伯奇（Birch）的《奇经八脉》(*Extraordinary Vessels*)，第 5 ~ 6 页。

请记住，这些资料是从治疗的角度进行记录的[15]。对治疗的相关资料实施"反向工程"一直是我和其他西方点穴习练者获得对中医"非治疗"作业理解的常用方式。从治疗的角度来看，刺激公孙和内关将有助于纠正心脏、胸部和胃部的能量失衡。[16] 不同八脉交会穴对身体的其他部位也有影响，尤其是对四肢，由于前文已经确定了攻击心经的重要性，这些不会在此处进行讨论。

奇怪的是，我发现内关没有被收录在《白鹤拳论》的 36 个致命穴之中。内关在大多数格斗情况下也非常容易触及。而公孙位于足内侧底缘附近，在实战情况下很难触及。内关位于前臂的内侧，许多技术可以破坏这一穴位的能量流，它还是心包经的络穴，心包经络脉由此别出而与三焦经相通。击打这一穴位将干扰火属性经脉的主要能量。关于在 36 个致命穴中没有内关的结论只能是，它会耗竭火属性经脉的能量。内关是一个"排泄"点，击打它将耗竭对手的能量。[17] 这使得内关在自卫情况下非常有效。

多年来，《白鹤拳论》一直被视为一本秘传之书，由师父传给那些练习仔细认真的徒弟。它一直是东方人珍视的武术技巧和美德的源泉，现在也可以成为他们西方同行的源泉。这份文献的深度只在本书所呈现的材料中略有提及，未来我将努力对《白鹤拳论》进行更多武术应用方面的研究。

精准击打？

武者对于在实战情况下点穴技术的使用进行了大量的讨论。那些不相信这一科学有效性的人往往认为对于中医针灸穴位需要精准击

---

[15] 松本（Matsumoto）和伯奇（Birch）的《腹部诊断；海的倒影》（*Hara Diagnosis; Reflections on the Sea*），第 361 ~ 362 页。

[16] 松本（Matsumoto）和伯奇（Birch）的《奇经八脉》（*Extraordinary Vessels*），第 7 ~ 8 页。

[17] 个人研究笔记，1994—2018 年。

打。这可以理解，因为一些教练在研讨会和视频中以这种方式呈现这门武术，但事实并非如此。点穴技术并不是要非常精确地命中才能发挥作用，用那些被认为可以造成"钝挫伤"的击打技术就可以取得巨大成功。实战中需要使用极其精准的击打违反了我们在本书中提到的身体警戒反应原则。在现实生活中，几乎不可能非常精确地进行击打。

对于穴位击打方式的另一种思考是你并不是在击打单独的穴位，而是在击打"穴位簇"。针灸治疗时需要将细针精准地插入特定的穴位，但在格斗中击打时不需要那么精准。这就像将火炮的动能与针刺的动能进行比较。武术技术是用巨大的动能击打身体，大面积地进行冲击以传递这种能量，比被针刺的效果大 100 倍。

以末段弹道学的研究为例。末段弹道学是研究子弹进入人体肌肤时所发生现象的科学。子弹打到人体上将导致组织损伤——这是由异物穿过人体组织引起的，这被称为主要伤口通道；子弹穿过身体时的动能将导致主要伤口通道周围组织的创伤，这被称为次要伤口通道。子弹导致的结果取决于子弹的速度和大小等因素。要了解末段弹道学与武术击打效果的关系，请参考图 16.1 ~ 16.3。

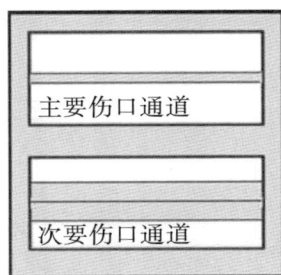

图 16.1 顶部图中描绘了主要伤口通道，底部图中是次要伤口通道。主要伤口通道的尺寸远小于次要伤口通道

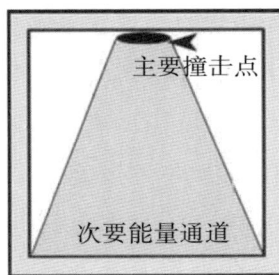

图 16.2 锥体顶部代表主要撞击点（PIP）。次要能量通道在主要撞击点下方的锥体中生成

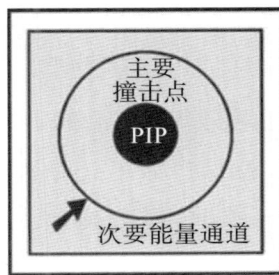

图 16.3 主要撞击点相对于主要撞击点之外的辐射能量干扰

　　击打的实际命中点，或称为主要命中点，可以与主要伤口通道进行比较。击打的力量或动能，将传递到受击打点的下方和周围组织，称为次要能量通道，它可以与次要伤口通道进行比较。冲击力越大，次要组织损伤就越大。针对一个穴位的有力击打不仅会扰乱该穴位，而且会扰乱与之密切相邻的其他穴位。那么，仅击打穴位周围而不是直接击打穴位本身，有可能有效地扰乱穴位的能量吗？是有可能的，击打的能量效应并没有像有些人想让你相信的那样大幅减弱。

　　另外，在研究身体的能量系统时，我们往往倾向于一次关注一条经络。我们经常忘记正经是双侧的，也经常忽视在所关注的经络之外，还有其他距离非常接近的经络。对颈侧的击打，比如瞄准人迎，可能会扰乱水突、天鼎、扶突、天窗和天容的能量，而不只是扰乱人迎的能量。你可能也会击中下颌线或耳下的一些穴位。更不用说对同一目标进行快速连续击打的技巧，这将会对人体造成极其显著的影响。因此点穴技术需要非常精准的击打的论点是完全错误的。

　　点穴技术的出现并没有使现实中徒手搏斗的法则发生根本性的变化。因此在实战中对穴位进行精确的击打并不实用。在中国许多传统武术流派中有一种名为"擒拿"的分支艺术，涉及各种关节攻击和控制技术，可使习练者轻松地利用各种针灸穴位。值得注意的是，有些门派在专门传授擒拿的过程中会教授攻击穴位的技巧，而这与直接击打相比需要更高的准确度。请记住，在实战的初始阶段，击打是针对穴位集群而不是个别穴位的。一旦你确立了支配地位，也就是说，对手被震撼或因其他攻击方式暂时失去行动能力，并处于战术上的弱势位置，你就有极短的时间专注于一个特定的穴位，比如哑门或风府，进行最后的击打。这就是你唯一一个能真正专注于击打特定穴位的时刻。

结语

一切真理都经历三个阶段：首先，它会被嘲笑；其次，它会遭到激烈的反对；最后，它将被认为是不言而喻的。

——亚瑟·叔本华（Arthur Schopenhauer）

希望本书提供的信息能帮助你理解那些众多传统中医书中关于奇经八脉的令人困惑的内容。通过了解它们的功能及其与十二正经的交互关系，你将成长为一名合格的传统武术学徒。我们都知道，大多数武术都源自东方，通过深入了解，我们能够透过这些武术创始人的眼睛看到这些武术的内核。

很明显，《白鹤拳论》的作者知晓攻击奇经八脉的价值，书中甚至列举了"关闭"阴维脉、阳维脉的穴位，这些穴位已被证明对于纠正能量失衡至关重要。通过理解支配传统中医的理论和法则，并将其应用于武术技术，我们就可以确定《白鹤拳论》作者的意图。结果证明，这部经典文献提供的内容旨在杀死对手或使对手失去战斗力。这超越了大多数武者正常的自卫意识，包含了真正的"武者之道"，这才是创始人真正的意图。许多学徒练习"武术"的观念与现实相去甚远。不幸的是，在现实中许多学生只针对一些武术基础进行练习。本书中呈现的武学内容包含了实战环境中十分必要的知识，这些知识不是为了满足一些人在比赛场上的虚荣心。从西方武术运动员到实战武士的进化旅程并不适合每个人，每个人在开始这段旅程之前都应该先反思这一点。

在西方，仍然有许多人质疑点穴格斗的有效性，一些受尊敬的西方武者批评了在身体上击打特定小穴位的观点。这甚至在亚历山大对《白鹤拳论》的评注中也有所体现，他的解释是这些穴位必须用手或手指以针尖一样的准确度进行精准击打，并且所使用的手或手指要被训练到能够像矛一样穿透身体。《白鹤拳论》的两个翻译版本，即麦卡锡译本和亚历山大、彭兰译本，都包含了与中国针灸穴位相关的解剖特征的评论，正如本书所介绍的。亚历山大、彭兰译本甚至完全忽略了这些针灸穴位的名称，并将致命穴的位置与解剖学关联起来。虽然我们已经习惯了这样的范式，但对理解导致东方传统武术形成的原则来说并没有太多帮助。

我们可以掌握书中提供的所有知识，但如果我们无法实际应用，它们就是无用的。许多西方人目前正在将传统中医中的穴位理论应用于武术，这不需要像许多教练声称的如针灸般精准无误。那些瞄着致命穴施展的被描述为"钝击伤"的技术，在点穴格斗中可以产生很好的效果。认为点穴格斗需要非常精准击打的人应该重新考虑他们的想法。

许多西方的武者都质疑点穴技术的有效性，因为他们不理解这些技术，或是通过未经适当培训的人甚至是江湖骗子了解到这门武艺的。这些武者花了多年时间才完善他们特定体系的基本功，所以他们难以承认在他们了解的范畴之外存在更高级的领域。艾伦·惠勒（Allen Wheeler）是一个例外。惠勒和许多其他人一样，最初是通过20世纪90年代常见的研讨会首次接触到点穴格斗的概念的。那时，惠勒70多岁，是一个大型武术组织——冲绳空手道联盟的负责人。他看到了这些技术的有效性，并在他的最后几年里不断努力提高对点穴格斗的理解。惠勒于2005年去世，通过他的努力，传统中医学作为一门被应用于武术的科学，如今正在被他的许多学生传授和研究。更多的武者应该以他为榜样。

在阅读本书的过程中，你可能会注意到亚洲武术教练很少被提及。事实上，本书中绝大多数作为参考文献的传统中医书籍都是由西方人编写的，一些人可能会对此感到奇怪，但事实是，武术和传统中医学在西方已经共存了几十年。西方格斗武术正在蓬勃发展，但可能需要学生付出努力来寻找到合格的教练。在西方武术界出现了越来越多非常有才华、能够帮助学生更深入地理解武术的资深人士。当然，愿意教授这些概念的出色亚洲教练还是有很多的，西方学生可以根据地理位置等情况自己选择，从而获得可靠的指导。

武术包含秘传技术的说法对一些人很有吸引力，但这些技术实际上根本不是秘密，它们是在一个与西方世界不同的环境中发展和完善的技术，是通过传统中医学的眼睛看世界的结果。经过仔细审查与验证，你会发现它们与西方科学有许多异曲同工之处。东方的知识并不神秘，任何渴望学习并将其内容应用于武术的人都可以获得这些知识。对曾经体验过穴位格斗或基于东方武术中极其高效的技术的人来说，这些结果是不可否认的。不幸的是，它的确切原理尚不能用科学解释，这对西方学术界来说有些令人困扰。尽管如此，但它确实有效，而要理解它，我们需要以其创始人的眼光来看待它，他们是从传统中医学和道家学说的视角来看这个世界的。

许多专注于军用格斗技术和其他非东方的高效战斗训练的教师对传统武术持有负面看法，而且理由充分。我认为今天的武术已经背离它的原貌，许多教练对技法存在严重的误解。随着古老教义在 20 世纪后期变得更加普及，许多流派过于强调武德的培养和对良好自我感觉的追求。另外，对获得各种腰带和级别的自我满足感进一步导致了武术界整体水平的下降。真正"老派"的传统武术并不关心级别、头衔、道服上漂亮的标志、锦标赛的名次和学员招生，而是更关心传授具攻击性且高效的技术的方法，使练习者能够在暴力冲突中生存下来。事实上，"老派"的武术一直以来都是只向少数学生群体传授的，这与如今普遍存在的商业化取向的武术学校形成了鲜明对比。武术已经成为"一桩大生意"，这导致那些自称为武者的人整体能力大大降低。对以近身格斗为导向的从业者来说，本书中呈现的材料可能显得有点过于"东方化"。仔细研究《白鹤拳论》中列举的徒手搏杀技术，我们可以发现它们与已知的西方技法有很多共同之处。比如在二战期间，美国海军突击队、美国战略服务局特工和英国突击队传授的技术是已知的非常有效的徒手搏杀技术之一。同时《白鹤拳论》里对点穴技术的"科学"解析，说明了攻击身体的技术是以非常相似的方式进行的，但直到现在，这些内容对西方人来说依然是无法理解的奥秘。区别在于一个基于东方视角，另一个来自西方视角。两种方法追求同样的结果，即快速而高效地"解决"对手。

我真诚地希望你能成长为一名真正的武者。本书中概述的知识要求掌握者是一个成熟、稳重、做事深思熟虑的人。对那些有可能夺取对手生命的技法，要怀着审慎的态度进行修炼与传承。这不应被轻视，应该在充分了解学生的成熟程度和品格之后再向他们传播这些知识。